A voz do escritor

A. Alvarez

A voz do escritor

TRADUÇÃO
Luiz Antonio Aguiar

CIVILIZAÇÃO BRASILEIRA

Rio de Janeiro
2006

COPYRIGHT © 2005 by A. Alvarez

TÍTULO ORIGINAL
The writer's voice

CAPA
Evelyn Grumach

PROJETO GRÁFICO
Evelyn Grumach e João de Souza Leite

CIP-BRASIL. CATALOGAÇÃO-NA-FONTE
SINDICATO NACIONAL DOS EDITORES DE LIVROS, RJ.

A474v
Alvarez, A. (Alfred), 1929-
A voz do escritor / A. Alvarez; tradução Luiz Antonio Aguiar. – Rio de Janeiro: Civilização Brasileira, 2006.

Tradução de: The writer's voice
Inclui bibliografia
ISBN 85-200-0717-1

1. Alvarez, A. (Alfred), 1929- – Autoria. 2. Literatura – História e crítica. 3. Autoria – Aspectos psicológicos. 4. Autoria. I. Título.

06-1098

CDD – 801.92
CDU – 808.1

Todos os direitos reservados. Proibida a reprodução, armazenamento ou transmissão de partes deste livro, através de quaisquer meios, sem prévia autorização por escrito.

Direitos desta tradução adquiridos pela
EDITORA CIVILIZAÇÃO BRASILEIRA
Um selo da
EDITORA RECORD LTDA.
Rua Argentina 171 – 20921-380 – Rio de Janeiro, RJ – Tel.: 2585-2000

PEDIDOS PELO REEMBOLSO POSTAL
Caixa Postal 23.052 – Rio de Janeiro, RJ – 20922-970

Impresso no Brasil
2006

Para Jane e Vincent

Sumário

PREFÁCIO 9

CAPÍTULO 1
Encontrando uma voz 13

CAPÍTULO 2
Escutando 55

CAPÍTULO 3
O culto da personalidade e o mito do artista 95

AGRADECIMENTOS 151

NOTAS 153

Prefácio

Meu tema é o escrever imaginativo e como lê-lo: primeiro, como um escritor desenvolve uma voz própria e uma presença na página; a seguir, como o leitor aprende a escutar essa voz e reagir a ela, e, finalmente, como a verdadeira voz e a personalidade pública às vezes entram em choque, se confundem e se contradizem. Para um escritor, a voz é um problema que nunca o deixa em paz, e tenho pensado nesse assunto desde quando minha memória alcança — se por nenhuma outra razão, no mínimo porque um escritor não começa propriamente enquanto não tiver uma voz própria. Jovens escritores, na esperança de se destacarem no cenário, confundem com freqüência voz com estilo, mas este é bem diferente de uma voz com todo o peso de uma vida, mesmo jovem, por trás, aquilo que Jane Kramer chama de "a voz que você na verdade não consegue escutar ...que, com alguma sorte, algum dia irá se parecer com você". Uma voz assim muda toda vez que a gente muda, e o que o escritor irá fazer com ela depois que a obtiver, depende do caráter, bem como do talento e das tendências dele. Há pessoas que escrevem porque são *mariners* veteranos, com muitas

A VOZ DO ESCRITOR

histórias que são compelidos a contar, ou lições que têm de ensinar; outras, menos louváveis, porque ficam extasiadas com o som de suas próprias vozes. Para escritores *freelancer* como eu, que pertencem a uma espécie ameaçada de extinção, que, já em 1949, Cyrill Connolly chamava de "o último rebanho conhecido que existe desse misterioso animal, 'o homem de letras inglês'", escrever é menos uma compulsão e mais uma infelicidade, como um caso de amor condenado. Escrevemos porque nos apaixonamos pela linguagem quando éramos jovens e impressionáveis, assim como músicos se apaixonam pelos sons e, posteriormente, ficam condenados a explorar essa atração fatal de todas as maneiras que forem capazes.

Portanto, o que tenho a lhes dizer é baseado na experiência de toda uma vida, com tentativas de escrever em gêneros diferentes: poesia, romances e, principalmente, um tipo de jornalismo maior que as universidades às vezes homenageiam, chamando-o de "literatura do fato": livros de não-ficção sobre temas que por acaso atraíam meu interesse — qualquer coisa, de suicídio ao pôquer, passando por divórcio, sonhos, exploração de petróleo em alto-mar e alpinismo —, muitos dos quais começaram como artigos longos escritos para *The New Yorker*. Também escrevi um bocado de textos de crítica literária, que, quando eu iniciei, meio século atrás, ainda não havia se tornado apenas mais uma disciplina acadêmica arcana com vocabulário técnico e interesses muito específicos e especializados, todos apenas dela própria. Era considerada então uma atividade criativa, de pleno direito — um modo

PREFÁCIO

pelo qual escritores descreviam como outros escritores lidavam com a linguagem e o que os tornava únicos. Algumas vezes me sinto em relação à minha profissão da mesma maneira como Vladimir Maiakóvski se sentia em relação ao suicídio: "Não o recomendo aos outros!", ele escreveu, e então encostou uma arma na cabeça. Trabalhar como escritor *freelancer* é um ofício precário, até porque, mudando de uma forma literária para outra, a gente pode acabar sem conseguir dominar nenhuma delas. Mas, para um escritor, até a precariedade tem sua utilidade; se por nenhum outro motivo, pelo menos por nos deixar constantemente atentos ao modo como a nossa voz salta da página. A arte da poesia, em seu conjunto, é diferente da arte da prosa, assim como escrever ficção é diferente de escrever não-ficção, e a crítica literária é diferente de ambas. Cinqüenta anos escrevendo para ganhar a vida me ensinaram que essas quatro disciplinas só têm uma coisa em comum: para escrever bem, a primeira coisa de que se necessita é escutar bem. E isso, por sua vez, é algo que os escritores e leitores têm em comum. Ler bem significa abrir os ouvidos para a presença por trás das palavras e saber que notas são verdadeiras e que notas são falsas. É uma arte, tanto quanto escrever bem, e apresenta quase a mesma dificuldade que esta para ser adquirida.

CAPÍTULO 1 Encontrando uma voz

O Gênio da Poesia pode apenas se desenvolver e brotar em um homem: não pode ser amadurecido nem por leis nem por determinações externas, mas sentindo e observando a si mesmo.

— KEATS

i

O que acontece quando alguém se senta com um livro na mão? Por que faz isso? Que prazer tira disso? Por que livros, poemas e até fragmentos continuam sendo lidos durante anos, em alguns casos durante séculos, depois de terem sido escritos, tudo indicando que continuarão a ser lidos, independentemente de quantas vezes a morte da literatura já tenha sido anunciada?

Não estou falando sobre transmitir ou adquirir informação. Pelo contrário, neste momento de tantas mudanças, quando a revolução industrial foi suplantada por uma revolução na tecnologia da informação, fatos e números nunca foram tão acessíveis, embora eles agora estejam adequadamente embalados em um novo formato. Os computadores, por exemplo, já não vêm acompanhados de um manual; toda informação desse tipo é inserida no aparelho; se você quer saber como fazer uma operação qualquer, clique em *help*, e, se necessário, imprima o que encontrar para consultas posteriores. Cedo ou tarde, suponho, é nesse formato que teremos a maioria dos livros de referência, e as vantagens em termos de economia e conveniência são muito maiores que os transtornos. Ficar de olhos grudados na tela de um computador na sua sala de estar pode não ser um bom substituto para o silêncio e a tranqüilidade de uma biblioteca, e navegar na Web com o Google não dá tanta satisfação quanto percorrer pilhas de livros e prateleiras, mas para aqueles que não têm dinheiro para comprar, digamos, a Enciclopédia Britânica, e para os que não dispõem de um metro ou dois de prateleiras para acomodar os volumes, é melhor ter a obra em CD-Rom ou na Web, em versão completa com sons e figuras se movendo, além dos *hyperlinks*, do que não tê-la.

Computadores podem ser muito convenientes e eficientes, mas não são instrumentos tão neutros quanto parecem, e as sutis deformações que geram em nossa relação com a linguagem podem ser perigosas para a literatura.

Um filólogo e sua mulher num jantar... Sua ambição é determinar, com o uso de máquinas elétricas de computação, a estrutura básica da linguagem. Os valores e as evocações das palavras podem ser determinados, ele me diz, pelos equipamentos, e assim poemas de qualidade podem ser escritos por máquinas. Portanto, retornamos à obsolescência dos sentimentos. Penso na minha maneira de sentir a linguagem, sua intimidade, seus mistérios, seu poder de evocar, numa pronúncia catarral, os ventos marítimos que sopram sobre Veneza ou, num A mais duro, o maciço para além de Kitzbühel. Mas isso, ele me diz, é apenas sentimentalismo. A importância dessas máquinas, sua tendência para legislar, para calibrar palavras como *"esperança"*, *"coragem"*, todos os termos que usamos para alimentar o espírito.[1]

John Cheever escreveu esse texto lá pelos anos 1950, muito antes de os computadores terem se tornado apenas mais um acessório doméstico, e mesmo antes de terem ganhado um nome específico. A arrogância reducionista do filólogo e a resposta indignada do autor são reações contrapostas a uma verdade simples, que ainda hoje é válida: escrita informativa e escrita criativa são formas diferentes de conhecimento, exigindo diferentes habilidades e relações com a linguagem totalmente diferentes.

Para absorver fatos de modo eficiente, examinar uma sinopse ou passar os olhos por um jornal, precisamos dominar a arte de ler na diagonal. Já a literatura de verdade tem a ver com algo inteiramente diferente e é infensa à leitura dinâmica. Ou seja, não tem a ver com informação, embora se possa adquirir informação ao lê-la. Não tem a ver sequer com a narração de uma história, embora algumas vezes este seja um de seus maiores prazeres. A literatura imaginativa tem a ver com escutar uma voz. Quando você lê um romance, uma voz está lhe contando uma história, quando lê um poema, ele geralmente fala sobre o que o dono dessa voz está sentindo; mas nem o meio nem a mensagem são o principal aqui. O principal é que essa voz é diferente de qualquer outra que já se tenha escutado, e ela está falando diretamente com você que lê, comungando com você em particular, bem no seu ouvido, e no seu jeito todo peculiar. Pode estar falando com você a partir de séculos atrás ou como se estivesse ali, do outro lado da sala — nada mais atual e próximo, aqui e agora. Os detalhes históricos são secundários; o que importa mesmo é que você a escuta — uma presença inegável na sua cabeça, e mesmo assim realmente viva, não importando há quanto tempo essas palavras tenham sido pronunciadas.

> Vento Oeste, quando soprarás
> Trazendo a chuva branda, afinal?
> Oh, Deus, se o meu amor estivesse em meus braços
> E eu de volta ao meu leito!*

Ninguém sabe quem escreveu esse poema, nem exatamente quando foi escrito (provavelmente, no início do século XVI). Mas quem quer que tenha sido ainda está plenamente vivo — solitário, melancólico, agoniado com o péssimo tempo que fazia e muito longe de casa, ansiando pela primavera, pelo

---

Western wind, when wilt thou blow / That the small rain down can rain? / Christ, if my love were in my arms / And I in my bed again!

ENCONTRANDO UMA VOZ

calor e por sua amada. Vencendo a lacuna de cinco séculos, esse homem ainda é nosso contemporâneo.

O que estou dizendo é que escrever é literalmente uma arte viva e também criativa. Simplesmente não acontece de os escritores "pararem, inertes, como um espelho da natureza", criando assim uma imitação da vida; o que criam é um momento da vida em si. Esse poeta anônimo deixou o som de sua voz no ar de modo tão distinto quanto, digamos, van Eyck fixou para sempre a ternura do casamento de Arnolfini e sua mulher em uma pintura. O poema respira, saindo da página de modo tão vívido quanto aqueles rostos, mortos há muito tempo, e seu pequeno cão respiram na tela. Mas é um pacto de mão dupla: o escritor se faz ouvir e o leitor lhe dá ouvidos — ou, mais precisamente, o escritor trabalha para criar ou encontrar uma voz que irá alcançar o leitor, fazendo-o apurar ouvidos e prestar atenção.*

ii

Creio que se trata de um processo parecido com o que acontece na psicanálise. É claro que sempre houve uma ligação íntima entre a literatura imaginativa e a cura por meio da conversa, e não só porque Freud era um excelente leitor e

---

*Etimologicamente, *attend* (em inglês, prestar atenção) é uma metáfora oculta. Vem do latim *ad*, que significa "para" ou "em direção a", e *tendere*, "estender", "dirigir", "voltar a atenção". Ou seja, *attend to you* equivaleria a dizer: *Volto (a atenção dos) meus ouvidos para você.*

porque escreveu uma prosa instigante. Essas duas qualidades eram incomuns em cientistas, na época, e produziram nele um respeito ainda menos comum pelas artes. Na comemoração do seu septuagésimo aniversário, um dos seus discípulos saudou Freud como "o descobridor do inconsciente". E ele respondeu: "Foram os poetas e os filósofos, muito antes de mim, que descobriram o inconsciente. O que eu descobri foi o método científico pelo qual o inconsciente pode ser estudado."[2]

Nos primeiros anos, a psicanálise com freqüência parecia adotar essa conexão de uma maneira literal e linear. Freud, com seu interesse pela arqueologia, esforçou-se para desenterrar o passado e recriá-lo, quase como uma obra de arte. Foi como se a psicanálise se tornasse uma contação de histórias recíproca: o paciente contava a história do seu ponto de vista e o analista retribuía, usando suas interpretações para dar à história um novo formato e um novo significado. Freud pode até ter chamado isso de método científico, mas, na prática, seu trabalho tem mais a ver com o de um romancista do que com o de um pesquisador, criando forma e significado a partir do caos do inconsciente, especialmente quando este se expressa por meio dos sonhos, a principal área em que a imaginação, até mesmo das pessoas menos imaginativas, se revela.

E já que os sonhos, no seu modo fragmentado, parecem criativos, isso provocou um mal-entendido fundamental sobre a natureza da arte, particularmente nos primórdios da psicanálise, quando a noção do simbolismo sexual ainda era nova, excitante e subversiva. Em vez de ler, digamos, um poema como uma obra de arte com vida própria, indepen-

ENCONTRANDO UMA VOZ

dente do autor — algo que, nas palavras de Coleridge, "contém em si mesmo as razões de ser como é e não de outra maneira"[3] —, o psicanalista com gosto pela literatura quase sempre o utilizava como se fosse mera matéria-prima onírica, liberada sem censuras nem limites, mais como um caminho fácil para o inconsciente do infeliz autor.

Um século depois, os psicanalistas tendem a se mostrar menos interessados em contar histórias e em criar uma arqueologia do inconsciente desenterrando o passado. Alargaram seu foco para estudar não apenas o *eu* do paciente e sua história, mas todo o seu mundo interior. Como esse mundo interior inclui tanto o seu *eu* quanto aquilo que os analistas chamam de "objetos interiores" — representações imaginativas de outras pessoas, tanto do passado quanto do presente, com as quais o paciente está continuamente envolvido —, é tarefa do terapeuta estudar como essas "figuras fantasiosas" são projetadas na transferência e na contratransferência — ou seja, nas mudanças sutis na relação entre o paciente e o analista enquanto esta transcorre, momento a momento, no consultório.

A partir dessa perspectiva mais moderna, a história importa menos do que o modo como é contada. Em vez de procurar pistas, o terapeuta está ouvindo com atenção, como um poeta ou um crítico, para detectar os tons e subtons, identificar as notas falsas e os sons que estejam fora do tom ou sejam dissonantes, distinguindo entre emoções genuínas e falsas, monitorando quando, como e por que ele está comovido e — igualmente importante — quando e por que ele está enfastiado. Tudo é sobre detalhes e nuances — a linguagem corporal e os silêncios, o que é dito e o que fica sem ser dito. E como na literatura, tudo depende do tom da voz. O objeto do exercício tanto do paciente quanto do analista é escutar a verdadeira voz do *eu* entre muitas outras não-autênticas, encontrá-la e então agarrar-se a ela — sem alarido, dissimulação, repetitividade nem desculpas. Em termos de concentração e abertura para experiências novas, e já que ambos estão, em última instância, preocupados com a verdade dos sentimentos, o psicanalista em busca de uma cura por intermédio da conversa e o escritor em busca da voz parecem estar lidando, tão gentilmente quanto são capazes, com problemas similares. E ocasionalmente — muito ocasionalmente —, a interpretação de um psicanalista pode ser tão intuitiva e criativa quanto uma obra de arte.

Como uma forma artística, no entanto, a psicanálise tem pouco a ver com o escrever criativo e muito com a crítica literária. Ou melhor, com a crítica do jeito como ela era antes de ser seqüestrada por preocupações extraliterárias, como teoria, política, questões de gênero, raça e, é claro, psicanálise. A verdadeira crítica, do tipo praticado por mestres como Coleridge e T. S. Eliot, nos chega sem muita bagagem teórica e tendo pouco a provar. Para descobrir o que é uma obra de arte, o crítico deve abrir mão de sua própria sensibilidade e mergulhar na de outro escritor, sem teorias e sem preconceitos. Tudo que se exige dele é atenção e distanciamento — escutar, pensar e abrir mão de si mesmo, tudo ao mesmo tempo. E isso, presumo, é igual à "atenção estável e em suspenso" com a qual, dizia Freud, o terapeuta escuta o seu paciente.[4]

ENCONTRANDO UMA VOZ

É aqui que o analista e o crítico se juntam ao artista criativo. Como a psicanálise, as artes são disciplinas complexas, artefatos cuja técnica de fabricação exige um aprendizado de anos. Mas depois que esse longo aprendizado esteja concluído e as habilidades técnicas estejam tão aperfeiçoadas que já se tenham tornado instintivas, ocorre uma estranha transformação: quando o artista fica absorvido nos detalhes práticos de sua obra, sua personalidade recua e a obra se liberta daquele que a cria, adquirindo uma vida independente. Coleridge descreveu primorosamente Shakespeare em pleno fluxo criativo: "ele próprio, num momento em que não se deixa tocar por aquelas paixões, e estimulado apenas pela excitação prazerosa, resultante do fervor energético de seu próprio espírito, exibindo vividamente aquilo que tão acurada e profundamente havia contemplado".[5] O termo empregado por Coleridge para essa modalidade de distanciamento criativo era "alheamento",* e é uma qualidade que não surge com facilidade nem com freqüência. Mas quando isso acontece, o efeito, tanto no escritor quanto no leitor, é peculiarmente libertador.

É por isso que D. H. Lawrence estava errado, creio eu, quando escreveu: "A pessoa guarda a sua doença em livros — repete e exibe essas emoções para poder dominá-las." A arte é mais do que uma compensação e uma autoterapia, assim como a psicanálise é mais do que proporcionar alívio a sintomas, e a cura é um conceito estreito demais para o que uma e outra podem realizar em seu potencial pleno. Repito, pleno.

*Aloofness. (N. do T.)

A VOZ DO ESCRITOR

Um bom poema é tão difícil de se encontrar quanto um bom analista, mas uma vez encontrado, o efeito de ambos é tornar você — leitor, paciente — mais integral e prazerosamente vivo. O escritor descobre essa relação estranhamente revigorante e libertadora entre a realidade física e o prazer estético quando encontra sua própria voz: é o que destranca cadeados, abre as portas, e lhe permite começar a dizer o que ele quer dizer. Mas para encontrar essa voz, ele precisa antes dominar o estilo; e o estilo, nesse sentido, é uma disciplina que se pode obter por meio do trabalho árduo, como a gramática e a pontuação. (Pode também se tornar uma armadilha que o atrai para diferentes sintomas — o maneirismo e as cadências formais da alta retórica. Voltarei a isso mais tarde.) A voz é completamente diferente: "Não pretendo ter estilo...", Philip Roth escreveu em The Ghost-Writer, "eu quero ter voz: algo que começa mais ou menos na parte de trás dos joelhos e chega até bem acima da cabeça". Ele quer dizer que a voz é o veículo por meio do qual o escritor se expressa como entidade viva, e o próprio Roth é totalmente voz. Estilo, no sentido formal ou floreado, o entedia; ele tem, assim escreveu, uma "resistência a metáforas lamurientas e analogias sob forma de poesia".[6] Sua prosa é imaculada e ainda assim curiosamente simples, sem ostentação, ao mesmo tempo espontânea e inegavelmente sua. Alguém já disse que lê-lo é como abrir a porta de um porão e escutar o boiler rugir ao entrar em funcionamento. É também como ser jogado de cabeça em uma briga de família, com todos em volta berrando para serem ouvidos;

é algo que faz o coração da gente se apertar ao mesmo tempo de indignação e agitação.

Também Freud tinha uma voz, e lê-lo é um prazer, mesmo para leigos. Esta é uma das muitas razões pelas quais ele continua sendo uma figura poderosa. Podemos ler as obras de psicanalistas influentes que vieram depois dele, como Melanie Klein e Wilfred Bion, pelas idéias que lançam, mas sempre os lemos com dentes cerrados, pela maneira tão canhestra como lidam com a linguagem. Ou, melhor dizendo, eles lidam com a linguagem a contragosto, como cientistas no ponto extremo da linha divisória entre as duas culturas, para quem a linguagem é um meio necessário, embora inadequado, que não merece sua atenção, a palha com a qual, de má vontade, são obrigados a fabricar seus tijolos. Ainda assim foi Freud, e não Klein nem Bion, que pensou em si mesmo como um cientista e se propôs descobrir "o método científico pelo qual o inconsciente pode ser estudado". Mas, como aprendeu com "poetas e filósofos que me antecederam", e respeitava o que eles tinham a dizer, também respeitava a maneira como o diziam e seguiu o exemplo deles. Daí a clareza de sua linguagem e sua vívida presença na página, levando de maneira instigante o leitor a prosseguir de um tópico de sua argumentação para o seguinte, acompanhando-o aonde quer que vá, a despeito de suas próprias concepções, e situando cada um desses pontos da argumentação com histórias de casos tão complicados e envolventes quanto obras de ficção.

A VOZ DO ESCRITOR

O próprio Freud ficava espantado com seus dotes literários e com a relativa ausência de parafernália científica e de jargões em seus livros:

> Não fui psicanalista a vida inteira. Como outros neuropatologistas, fui treinado para utilizar diagnóstico local e eletroprognóstico, e ainda me surpreende, por ser estranho, o fato de que os casos sobre histeria que escrevi possam ser lidos como contos, e que, como bem podem dizer, falte neles a marca de seriedade da ciência. Devo me consolar com a reflexão de que a natureza do assunto evidentemente é responsável por isso, mais do que qualquer preferência minha. O fato é que as reações ao diagnóstico local e ao prognóstico elétrico não levaram a lugar algum no estudo da histeria, enquanto uma descrição detalhada dos processos mentais, como estamos acostumados a encontrar nas obras de escritores imaginativos, me permite obter, usando algumas fórmulas psicológicas, pelo menos algum tipo de percepção sobre o curso dessa enfermidade.[7]

É como se ele estivesse constrangido por encontrar respostas para o que vinha buscando no escrever imaginativo e não em um laboratório; e constrangido também por seu próprio talento literário — pela sutileza e satisfação com que lida com o material clínico, buscando pistas como um detetive, esquadrinhando-o, sopesando, ligando pontos para resolver o mistério. O mistério, é claro, é o do inconsciente — de que modo coisas que desconhecemos sobre nós penetram em nós como um vapor insinuante, influindo em nossa maneira de pensar e no nosso comportamento. Mas o mistério e o modo como a solução de Freud alterou nossa percepção do mundo não são o meu tema aqui, mesmo que eu tivesse competência para discutir esse assunto. O que me importa como escritor é o tom da voz dele, a vigilância e a persistência de sua curiosidade intelectual, e sua recusa em desprezar a vida da imaginação, mesmo pelo bem da ciência. Quando lemos Freud, escutamos um homem brilhante exibindo para nós todo o poder de sua mente.

iii

Ao comparar o ato de escrever à psicanálise, estou implicitamente afirmando que para um indivíduo encontrar sua voz própria como escritor, em determinados aspectos é como o caprichoso processo de se tornar adulto. Para um escritor, é também um instinto básico, como um pássaro demarcando seu território, embora não o faça de modo tão musical, nem tão abertamente. Então, como fazê-lo? Em primeiro lugar, precisamos fazer o que todos os jovens fazem: experimentamos as personalidades de outras pessoas e nos apaixonamos. De fato, jovens escritores são uma raça peculiar e bastante promíscua: minhas paixões de garoto foram, entre outras, Eliot, Auden, Housman, Aldous Huxley, uma após a outra, quase sem intervalo entre elas. Toda promiscuidade em série tão freqüente quanto essa culmina em *le coup de foudre*, amor à primeira vista: a pessoa ouve uma voz e a reconhece, e se convence de que a voz se dirige a ela, com tanta convicção quanto reconhece a srta. *mulher-da-sua-vida*, bem ali, do outro lado da sala, mesmo antes de conversar com ela, e mesmo quando — ou especialmente quando — ela está de mãos dadas com o sr. *sujeito-que-não-serve-para-ela*. No início, a voz do escritor deslumbra aquele leitor, e ele lê tudo em que pode pôr as mãos. Se isso não o cura, a enfermidade se torna aguda e ele fica obcecado por tudo que diz respeito à vida do seu bem-amado: o que ele fez, para onde viajou, e até mesmo com que tipo de gente foi para a cama. Não que esse leitor queira ser *como* esse escritor, o leitor quer ser *o* escritor. Quando revemos o episódio, as paixões extremadas são tão constrangedoras quanto a promiscuidade, mas, para o escritor, é uma parte necessária do árduo processo de amadurecimento. Foi o que aconteceu comigo em relação a Aldous Huxley, quando eu ainda estava no colégio, e com William Empson e D. H. Lawrence, quando fui para Oxford. No entanto, paixões literárias são como qualquer outra paixão de juventude: não duram, e depois que passam não se transformam em amizade. Atualmente, ainda admiro Empson, mas de uma maneira cautelosa, e à exceção de um punhado de contos e poemas, acho a rabugice estridente de Lawrence quase insuportável. Como W. H. Auden escreveu em *The Sea and the Mirror*, "fico muito contente por não precisar jamais/ Tornar a ter vinte anos e passar outra vez/ Por aquelas tantas horas de confusão e de fúria, de vaidade e desgaste".

Há outros escritores pelos quais nos apaixonamos e *ficamos* apaixonados. Aconteceu comigo, quando eu era garoto e me deram um poema de John Donne para comentar. Naquela época, nunca tinha ouvido falar de Donne e tive de ler o poema — "Witchcraft by a Picture" — várias vezes até começar a entendê-lo. Mas fui seduzido, na primeira vez que o ouvi, pelo tom da voz. Era como escutar uma conversa sutilmente carregada de emoção, algo excitada, espirituosa e incansavelmente polêmica, uma curiosa combinação de lógica e ternura — ternura de verdade por mulheres de verdade com apetites e mãos suadas, e também com temperamentos inconstantes. Era assim — eu pressenti — que deveria ser a poesia, ganhando vida com sentimentos, embora totalmente não-sentimental e desprovida de tudo que fosse convencionalmente poético. Para um adolescente libidinoso, trancafiado em um internato monástico, onde só se pensava em esportes e onde a paixão pela poesia não era uma fraqueza que se pudesse confessar, foi uma revelação. Amor à primeira vista, e nunca consegui superá-la. Eu tinha dezesseis anos quando li Donne pela primeira vez, e nossa relação ainda caminha solidamente depois de mais de meio século.

Donne é como Shakespeare — um grande escritor, do tipo que T. S. Eliot declarou que nunca se pode ter esperança de imitar, que simplesmente existe para estabelecer os padrões que sempre desejaremos atingir. Aqueles que conseguimos imitar geralmente são menos dominadores, mas nos ensinam as habilidades, as técnicas, os truques do ofício que precisamos adquirir durante nosso aprendizado de literatura, porque, até aprendermos as habilidades básicas, não podemos propriamente começar. Mas depois que encontramos nossa própria voz, consideramos essas habilidades como algo assegurado e ficamos livres para utilizá-las ou descartá-las à vontade. Também podemos incorporar as vozes de outras pessoas à nossa, e ainda assim continuar soando como se fosse a nossa própria voz. Era a isso que Eliot se referia quando escreveu: "Poetas imaturos imitam; poetas amadurecidos roubam." O aforismo, é claro, era uma piada maliciosa a respeito de si mesmo, porque um verdadeiro roubo foi o que fez Eliot em *The Waste Land*, no qual praticamente metade dos versos eram citações ou referências a outros escritores. Ainda assim, Eliot usou esses fragmentos dentro de uma modulação toda própria, e com tanta autoridade que agora eles parecem pertencer mais a ele do que a seus autores originais. Como ele acreditava firmemente na impessoalidade clássica da arte, teria alegado que essa colcha de retalhos de citações e referências era simplesmente um modo de confrontar a cultura fragmentada da Europa após a Primeira Guerra com um passado espiritualmente mais rico e mais enraizado. Mas tornou os fragmentos tão seus que eles também acabaram compondo uma imagem estilhaçada de seus problemas particulares, reflexos de um espelho rachado, um auto-retrato cubista.

Para explicar o que estou querendo dizer sobre aprender com quem é melhor do que nós, permitam que eu dê alguns exemplos pessoais. Quando era adolescente, ansioso por mostrar como era inteligente e sofisticado, escrevi um poema que considerei muito bom. Era sobre sexo, é claro, um tema sobre o qual eu não sabia quase nada, e estava repleto de maliciosas alusões mitológicas, do jeito que poemas muito espertos deviam ser no final da década de 1940. Há muito que o poema sumiu — foi jogado fora juntamente com outras porcarias —, mas ainda consigo recordar a penúltima quadra:

> O chamado dos cães de caça impeliu Actéon
> A sonhar em meio às sugestivas árvores.
> A luz alimentou sua imaginação já madura
> Da intimidade de Deusas Virginais.*

Esses versos fixaram-se na minha memória, e não só porque este foi o primeiro poema que lancei no mundo, tentando sua publicação, e, portanto, a primeira vez que minha vaidade literária foi ferida quando ele foi recusado. Lembro-me desses versos porque o editor da pequena revista para a qual os enviei mandou-os de volta com uma carta encorajadora, chamando a penúltima quadra de "miraculosa". Miraculosa ou não, entendo agora que ele rejeitou o poema porque escutava ao fundo ecos do famoso "Sweeney Among the Nightingales", de Eliot. Se foi isso, ele estava certo, embora na época eu tivesse ficado indignado, é claro, e ainda acredite que os versos são até bons demais para um adolescente. No entanto, aquele bocadinho de louvor, vindo de um estranho com muita autoridade, era tudo que eu precisava para seguir adiante. E justamente porque ele escolheu uma estrofe entre muitas, pude refletir sobre o motivo por que esta funcionava e percebi que tinha algo a ver com rimas que não eram exatamente rimas

---

*The call of hounds moved Acteon / To dream among suggestive trees. / Light fed his ripe imagination / Easy, divine virginities.

A VOZ DO ESCRITOR

— *Acteon/imagination, trees/virginities* —, rimas que haviam surgido, como foi de fato, naturalmente, sem terem sido trabalhadas para serem o que eram, semelhantes às quase-rimas e assonâncias que as cantoras de *blues* usam constantemente: "I was born in a dump/ My momma died and my daddy got drunk".* Isso, também percebi, era algo para o qual eu tinha alguma queda, e poderia utilizar. Naquela época, ainda não tinha lido nenhum poema de Wilfred Owen e não sabia coisa alguma sobre para-rimas. Só sabia que esquemas muito restritos de rimas eram muito castradores e formais demais para as coisas modernistas que eu queria fazer, mas, ao mesmo tempo, eu não confiava em versos livres. Posteriormente, volta e meia me pegava usando assonâncias como se fossem uma espécie de rede para manter o poema como uma peça unida sem chamar atenção para si. No fim das contas, levei um bocado de tempo para encontrar minha própria voz como poeta, mas creio que foi esse meu primeiro passo nesse sentido.

Na prosa, demorei mais tempo ainda. A primeira vez que me dei conta de que havia encontrado minha própria voz foi na introdução de um livro intitulado *Under Pressure*, publicado em 1965, e que ficou muito tempo esgotado. Era baseado em uma série de esquetes para o rádio que escrevi para o BBC Third Programme sobre o escritor na sociedade européia oriental e na americana. Durante a Guerra Fria, de 1961 a 1964, viajei por alguns países da Cortina de Ferro — Polônia, Hungria, Tchecoslováquia e Iugoslávia — gravando conversas com poe-

---
*Nasci num cortiço
Minha mãe morreu e meu pai virou um bêbado. (*N. do T.*)

ENCONTRANDO UMA VOZ

tas, romancistas, artistas e intelectuais sobre como era trabalhar sob intensa pressão política. Depois fui para os Estados Unidos e fiz a mesma coisa, embora com uma diferença: já havia passado muito tempo na América e a maioria das pessoas com quem conversei eram amigas. De todo esse material, consegui extrair sete programas de rádio, e esses programas não eram de modo algum iguais às conversas. Não eram uma pessoa com sua fala, mas uma miscelânea de vozes, todas diferentes — diferentes sotaques, diferentes intensidades, diferentes prioridades — arrumadas em uma fita de gravação de modo a parecer que as pessoas estavam discutindo entre si, constantemente interrompendo e fazendo objeções umas às outras. E como organizei o material de modo que parecesse que todos também estavam discutindo comigo, meus comentários durante o programa tinham de parecer que eram de improviso. Se eu ia me incorporar ao jogo — o que fiz de muito bom grado —, não podia ficar ditando leis ou pontificando *ex cathedra*, como um palestrante nervoso lendo um texto escrito. Eu tinha que parecer tão espontâneo e envolvido no clima quanto todos os demais. E essa obrigação permanente de manter um tom casual continuou quando transformei os programas em livro.

Naturalmente, a introdução foi escrita posteriormente, e quando a reli, pensei: "É assim que eu deveria soar e como desejo soar!" Lembro-me de ter ficado surpreso. A essa altura, eu já havia publicado alguns livros de crítica literária, mas isso foi diferente — muito mais espontâneo e direto. Fez com que eu percebesse que não gostava muito do tom de voz que estava usando até então; parecia arrogante demais, embevecido demais comigo mesmo, excessiva e forçadamente estiloso. Toda essa elegância de um homem jovem me pareceu de repente um modo de defesa. Percebi que era exageradamente pretensiosa porque até então eu ainda não havia descoberto quem eu era nem o que estava fazendo. Talvez eu ainda não soubesse, mas pelo menos estava começando.

iv

A voz autêntica pode não ser aquela que você quer ouvir. Toda arte verdadeira é subversiva em um determinado nível ou em outro, mas não subverte simplesmente clichês literários e convenções sociais: também subverte os clichês e as convenções nos quais você mesmo desejaria acreditar. Como os sonhos, ela fala por partes de você de cuja existência você não se dá conta e das quais pode não gostar. Às vezes ela contraria os princípios que você mantém durante o dia. Entretanto, se você tentar expurgá-las, irá privar de vida o que tem a dizer. Isto, presumivelmente, foi o que Maiakóvski quis dizer em seu poema "No topo da minha voz", que escreveu não muito antes de cometer suicídio: "Eu / subjuguei / a mim mesmo / colocando o pé / na garganta / do meu canto"*; ele havia sufocado sua inspiração em prol da causa comunista.

Para Sylvia Plath, o processo foi o inverso. Ela cumpriu um longo e árduo aprendizado com os mestres que dominaram a década de 1950 — primeiro com Yeats e Wallace Stevens, de-

---

*"I / subdued / myself / setting my heel / on the throat / of my song".

pois com Theodore Roethke, com Robert Lowell, e com seu marido, Ted Hughes — e publicou esse trabalho de aprendizado em sua primeira coletânea, *The Colossus*. Mas os poemas absolutamente únicos sobre os quais repousa sua reputação, todos escritos nos últimos dez ou doze meses de sua vida, eram, em seu conjunto, mais livres, mais ásperos e mais sardônicos: "The Moon and the Yew Tree" está entre os primeiros, e nele se pode ouvir a autêntica voz de Plath surgindo:

Esta é a luz do espírito, fria e planetária.
As árvores do espírito são negras. A luz é azul.
A relva descarrega seu pesar aos meus pés como se eu fosse Deus,
Espetando meus tornozelos e murmurando algo sobre sua humildade.
Uma névoa fumosa, impregnada de espíritos, habita este lugar
Separado de minha casa por uma fileira de lápides.
Simplesmente não consigo enxergar onde se possa chegar.

A lua não é uma porta. É um rosto de pleno direito,
Pálido como os nós dos dedos e terrivelmente irritado.
Arrasta o mar atrás de si como se fosse um crime hediondo; é silenciosa
Embora o vazio da boca se abra em completo desespero. Moro aqui.
Duas vezes aos domingos, os sinos sobressaltam o céu —
Oito compridas línguas corroborando a Ressurreição.
No fim, elas sobriamente repicam seus nomes.

O teixo aponta para o alto. Tem uma forma gótica.
Os olhos se erguem, acompanhando-o, e encontram a lua.
A lua é minha mãe. Não é meiga como Maria.

A VOZ DO ESCRITOR

Seus trajes azuis deixam escapar pequenos morcegos e corujas.
Como eu gostaria de acreditar na ternura —
A face da efígie, suavizada pelas velas,
Deita, sobre mim em particular, seus brandos olhos.

Já decaí muito. Nuvens florescem
Azuis e místicas por sobre o rosto das estrelas.
Dentro da igreja, todos os santos serão azuis,
Os delicados pés flutuando acima dos bancos frios,
Suas mãos e rostos rígidos de tanta santidade.
A lua não enxerga nada disso. Ela é atrevida, incontrolável.
E a mensagem dos teixos são as trevas — as trevas e o silêncio.*

---

*This is the light of the mind, cold and planetary. / The trees of the mind are black. The light is blue. / The grasses unload their griefs on my feet as if I were God, / Prickling my ankles and murmuring of their humility. / Fumey, spiritous mists inhabit this place. / Separated from my house by a row of headstones. / I simply cannot see where there is to get to.

The moon is no door. It is a face in its own right, / White as a knuckle and terribly upset. / It drags the sea after it like a dark crime; it is quiet / With the 0-gape of complete despair. I live here. / Twice on Sunday, the bells startle the sky —/ Eight great tongues affirming the Ressurrection. / At the end, they soberly bong out their names.

The yew tree points up. It has a Gothic shape. / The eyes lift after it and find the moon. / The moon is my mother. She is not sweet like Mary. / Her blue garments unloose small bats and owls. / How I would like to believe in tenderness — / The face of the effigy, gentled by candles, / Bending, on me in particular, its mild eyes.

I have fallen a long way. Clouds are flowering / Blue and mystical over the face of the stars. / Inside the church, the saints will be all blue, / Floating on their delicate feet over the cold pews, / Their hands and faces stiff with holiness. / The moon sees nothing of this. She is bald and wild. / And the message of the yew tree is blackness — blackness and silence.

ENCONTRANDO UMA VOZ

Este poema me dá a impressão de ter duas vozes — uma, da disciplinada e estudiosa aprendiz da nobre arte e da elegante prosódia; outra, a de alguém, ou de algo, muito menos dócil. E essas duas vozes falam abertamente e se chocam o tempo todo, no poema inteiro. Há versos melodiosos, ritmicamente elegantes, bem ao jeito de Yeats:

> How I would like to believe in tenderness —
> The face of the effigy, gentled by candles,
> Bending, on me in particular, its mild eyes.

Isto me soa muito semelhante, em tom e movimento, aos versos de Yeats em "Among Schoolchildren":

> Tanto freiras quanto mães cultuam imagens
> Mas essas que as velas iluminam não são como as que
> Ganham vida com os devaneios de uma mãe.*

O tom melífluo de Plath, entretanto, é constantemente trazido à tona por meio de ousadas e desesperançadas afirmações em uma voz desolada: "I simply cannot see where there is to get to", "I live here", "I have fallen a long way". É quase como se o poema tivesse sido escrito a despeito dela própria.

Há duas notas sobre a gênese desse poema nos *Collected Poems* de Plath. Quando ela o comentou em uma transmissão radiofônica da BBC, disse:

Both nuns and mothers worship images, / But those the candles light are not as those / That animate a mother's reveries.

Certa vez, pus um teixo (em um poema). E esse teixo começou, com espantoso egotismo, a controlar e submeter toda a coisa. Não era mais um teixo junto a uma igreja na beira de uma estrada que passava por uma casa em uma cidade onde vivia uma determinada mulher... e assim por diante, como seria em um romance. Ah, não. Ficou lá, plantado firmemente no meio do meu poema, brandindo suas formas sombrias, as vozes no pátio da igreja, as nuvens, os pássaros, a terna melancolia com a qual eu contemplava tudo aquilo. E meu poema, assim, acabou sendo sobre um teixo. O teixo era orgulhoso demais para se conformar em ser uma sombra passageira em um romance.[8]

Ela está tentando diminuir a coisa, como se tivesse sido inelutavelmente enfeitiçada por algum desconcertante personagem secundário que tomou conta do enredo. No entanto, esta não é a única leitura desse poema. O teixo, de fato, só aparece na metade do poema, e há apenas dois versos especificamente sobre ele. Primeiro: "The yew tree points up. It has a Gothic shape", e mais à frente: "And the message of the yew tree is blackness — blackness and silence." Essa árvore não é orgulhosa nem encantadora; é absolutamente assustadora. E isso se encaixa muito bem no poema porque, como ela declara no início, está falando sobre um estado de espírito: "This is the light of the mind, cold and planetary. The trees of the mind are black." O teixo é um filtro que transforma o que ela chama de "terna melancolia" — o ânimo plangente que se reflete naquelas meigas cadências de Yeats — em total e abrupto desespero. E talvez isso ocorra porque o teixo, estando em um cemitério, na extremidade do relvado, lhe recorde a morte. A nota de rodapé de Ted Hughes nos *Collected Poems* é curta e factual:

> O teixo cresce em um cemitério junto a uma igreja a oeste da casa em Devon, e é visível da janela do quarto de SP. Nessa ocasião, a lua cheia, pouco antes do alvorecer, estava por trás do teixo e o marido dela lhe deu como a tarefa de "exercício" escrever um poema.

Quando eu e Hughes conversávamos sobre esse extraordinário poema, pouco depois da morte de Plath, sua versão do episódio foi menos lacônica. Ele contou que despertou, ainda no começo da madrugada, e encontrou Sylvia perambulando pelo quarto, dizendo que não conseguia dormir e reclamando que não tinha sobre o que escrever. Então, irritado, ele disse: "Que tal dar uma olhada pela janela e escrever sobre o que vir lá fora?" Sempre uma boa discípula, ela fez o que ele disse. Muito compenetrada, começou a esboçar uma cena noturna e terminou por representar o mais agudo desespero. Quando Hughes leu esse poema na manhã seguinte, ficou perplexo. Talvez Plath sentisse então a mesma coisa, mas ela havia encontrado o seu tema e a voz com a qual poderia expressá-lo, e assim iniciava o caminho para os seus últimos e grandiosos poemas.

V

"The Moon and the Yew Tree" é um poderoso exemplo da diferença entre voz e estilo — entre a arte formal em que Plath fora treinada e uma outra, muito mais vívida e plena, à qual acabou chegando. O estilo refinado, é claro, tem uma longa tradição: o subtítulo da peça com estilo mais deliberadamente exuberante, "Euphues," de John Lyly, é *"The Anatomy of Wit"*,* e a espirituosidade adquirida, aprendida, ornamental, era uma habilidade bastante admirada pelos jovens elisabetanos elegantes até Shakespeare ridicularizá-la em *"Trabalhos de Amor Perdidos"*, uma peça escrita para uma platéia aristocrática que sabia tudo a respeito da arte da retórica, e também um texto em que a ornamentação da linguagem importa mais do que os personagens que pronunciam as falas. Os heróis dessa peça são indivíduos corteses e espirituosos, decididos a mostrar como são espirituosos, e sua afetação é parodiada pelos personagens das classes mais baixas que os imitam — pelos absurdos floreios de Armado, o "fantástico espanhol", e pelo infatigável pedantismo de Holofernes, o mestre-escola que não só "compareceu a um grande banquete de linguagem como roubou os restos". Shakespeare, então, sobrepuja todos eles com sua própria pirotecnia verbal e métrica. Seja de que forma for, a ostentação lingüística é o combustível que toca a peça para a frente, e assim todos os lados são igualmente presunçosos. A diferença é algo no tom e nas maneiras

---

*"A Anatomia da Espirituosidade", ou da Graça, da Perspicácia. (N. do T.)

— o cortesão *versus* o pedante, elegância e agudeza *versus* fanfarronice e circunlóquios vazios.

Estilo refinado é o equivalente, para um escritor, a fazer pose e citar um nome atrás do outro. De acordo com a romancista irlandesa Aidan Higgins, Samuel Beckett, o mais austero dos escritores, uma vez comparou "escrever com estilo, essa vaidade... a uma gravata-borboleta em volta de uma garganta com câncer". O que às vezes passa por um *"escrever refinado"*— também conhecido como *"prosa poética"*—, na maioria das vezes é pouco mais do que um conjunto de recursos de estilo de segunda mão que não custam nada ao escritor e adulam o leitor, levando-o a acreditar que, por meio disso, conseguiu alçar-se a uma literatura mais categorizada. Escrita refinada permitida para servir a si mesma também projeta a imagem de uma requintada sensibilidade que se expõe à admiração de um modo que exclui o bom senso. Para mim, exposição excessiva à, digamos, aspiração de Walter Pater aos requisitos primordiais da música ou mesmo a mestres do estilo forte como Wilde e Nabokov, que enroscam cada sílaba de cada frase em suas línguas, às vezes me fazem sentir que eu mataria alguém por um comentário displicente ou um toque de gíria.

Todos fazemos o mesmo, é claro, assim como colecionamos outros maus hábitos por mera preguiça. O segredo é perceber quando se está recaindo na própria retórica e afastar-se disso. "Nunca fale sobre *'minha alma invencível'* ou qualquer vulgaridade desse tipo", escreveu T. E. Hulme. "Mas demos graças pela longa nota do clarim, que faz toda matéria do

A VOZ DO ESCRITOR

mundo deixar as cinzas e o barro". Hulme, a quem Eliot chamou de "precursor de uma nova maneira de pensar, que deveria ser chamada de *maneira de pensar do século XX*", também escreveu "Busque sempre o mundo concreto, definido, personalizado"[9] e talvez seja a isso que Karl Kraus se referia implicitamente quando disse: "Minha linguagem é uma prostituta universal que eu tenho de transformar em uma virgem." A linguagem é uma prostituta porque, se deixada por sua própria conta, vai executar os mesmos truques gastos com todo mundo. Para restaurar sua virgindade, antes de tudo é preciso despi-la de suas roupas extravagantes — os clichês, os tropos, os excessos —, depois, deve-se pôr a dama de dieta e limitá-la ao essencial. Segundo Isaac Babel, "a linguagem se torna mais límpida e forte não quando não se pode mais acrescentar uma frase que seja, mas quando já não se pode retirar mais nenhuma". Rudyard Kipling, que escreveu algumas das mais puras obras em prosa na língua inglesa, disse que, quando terminava um conto, trancava-o em uma gaveta por algumas semanas e depois o relia, cobrindo com tinta preta todos os trechos que lhe haviam dado mais orgulho na vez anterior.

Para um psiquiatra, essa insatisfação irremediável e essa falta total de remorso na atenção aos detalhes — o incessante escrever e reescrever, aparar, cortar, purificar — pode parecer um sintoma de um distúrbio obsessivo-compulsivo. Para o escritor, é simplesmente parte do seu ofício, uma frustração necessária que é preciso suportar quando se tenta ajustar o meio impreciso e escorregadio da linguagem ao tom e à cadência exatos de sua própria voz. É também uma medida da consciência estética, e isso, em si, é um dos prazeres do processo criativo:

> O grande objetivo é uma narrativa acurada, precisa e definida. A primeira coisa é reconhecer como isso é difícil de se conseguir. Não é apenas questão de tomar cuidado; precisa-se usar a linguagem, e a linguagem é, por sua própria natureza, uma coisa comunitária; ou seja, nunca expressa algo exato, mas um compromisso — que é comum a você, a mim e a todos os demais. Mas cada homem enxerga algo ligeiramente diferente, e para extrair exata e nitidamente o que ele enxerga, esse homem precisa travar um terrível embate com a linguagem, com as palavras ou com as técnicas de outras expressões artísticas. A linguagem tem a sua natureza própria, especial, suas próprias convenções e idéias comunais. Só por meio de um esforço concentrado da mente pode-se mantê-la fixa para os seus próprios objetivos. Sempre penso que o processo fundamental por trás de todas as expressões artísticas pode ser representado pela seguinte metáfora: você sabe o que eu chamo de *curvas de arquiteto* — peças de madeira lisa com diferentes tipos de curvaturas. Com uma adequada seleção delas, pode-se desenhar quase todas as curvas que se deseje. Creio que o artista é aquele homem que simplesmente não consegue suportar esse *"quase"*. Ele vai obter a curva exata do que enxerga, seja um objeto ou uma idéia em sua mente. Devo agora mudar um pouco a minha metáfora para captar o processo em sua mente. Suponhamos que em vez de suas peças curvas de madeira houvesse um flexível pedaço de aço com as mesmas curvaturas da madeira.

A VOZ DO ESCRITOR

Agora, o estado de tensão ou de concentração da mente, se ele estiver tendo algum êxito nesta luta contra o hábito arraigado da técnica, pode ser representado por um homem utilizando todos os seus dedos para curvar o aço segundo a curvatura que imaginou, exatamente a curvatura que ele deseja. Algo diferente da forma que a peça assumiria naturalmente.

Há duas coisas que devemos distinguir aqui. A primeira é essa faculdade peculiar da mente de ver as coisas como elas realmente são, e diferentemente dos modos convencionais como você foi habituado a vê-las. Isso, em si, já é bastante raro, seja qual for o grau de percepção. A segunda é o estado de concentração mental, o fato de o artista precisar estar muito focado em si mesmo, o que é necessário para a expressão exata do que ele vê. Para evitar que esse artista recaia nas curvas tradicionais da técnica estabelecida, para ater-se a perceber os infinitos detalhes e as dificuldades para obter a curva exata que ele deseja. Sempre que se consigue tamanha sinceridade, consegue-se também a qualidade fundamental da boa arte sem forçar o uso de (palavras como) infinito ou sóbrio...

... O frescor é convincente, sente-se de imediato que o artista está ali em um verdadeiro estado físico. É o que se sente por um minuto. A comunicação real é muitíssimo rara, já que o mero discurso não é convincente. É nesse fato raro da comunicação que se chega ao âmago do prazer estético.[10]

Esse trecho foi extraído do clássico ensaio de T. E. Hulme "Romanticism and Classicism", um dos textos que exerceram mais influência na história do modernismo. Hulme foi um

ENCONTRANDO UMA VOZ

poeta apenas ocasional e de poemas breves,* mas, à exceção da descrição, na *Biographia Literaria*, de Shakespeare em pleno trabalho, escrita por Coleridge, o ensaio de Hulme é o mais sutil e o mais familiarizado com o processo criativo já escrito sobre esse assunto. E o segredo é o modo como o que ele está dizendo se reflete na maneira como ele diz. Hulme escreve como um homem que se sente muito à vontade, de uma maneira natural, como se estivesse conversando, deixando seu pensamento fluir agilmente, e sem estar tentando impressionar ninguém, preocupado apenas em expressar "o estado de concentração mental" e o necessário "foco em si mesmo" ao longo da cadência de seu texto — do mesmo modo como o artista que descreve. Sua abordagem isenta, desmitificadora, incorpora o espírito do modernismo ao qual Eliot e Pound aspiravam, e sua informalidade, tão pouco característica daquele período tão formalista, faz com que ele pareça agora tão nosso contemporâneo quanto ele devia parecer quando Eliot o leu na década de 1920.

E aqui há um paradoxo: encontrar a própria voz como escritor significa — ou é equivalente a — sentir-se inteiramente livre dentro da própria pele. É uma grandiosa libertação. No entanto, a única maneira de se chegar a isso é por meio de minuciosa — a mais minuciosa — atenção aos detalhes: "Uma frase nasce para o mundo ao mesmo tempo boa e ruim.

---

*Ezra Pound, amigo de Hulme, publicou *The Complete Poetical Works of T. E. Hulme* como um apêndice de sua própria coletânea, *Ripostes*, em 1912, consistindo em cinco pequenos poemas. Na época em que foram publicados, Hulme havia praticamente abandonado a arte da poesia.

A VOZ DO ESCRITOR

O segredo está em uma ligeira e quase imperceptível torção...", escreveu Babel. "Nenhum aço pode apunhalar o coração com tanta força quanto uma frase colocada no lugar certo."[11] Aqui está, por exemplo, Alice Munro, em sua melhor e mais mortífera forma: "Seu rosto comprido era digno e melancólico, e tinha algo da beleza de um poderoso, desalentado e idoso cavalo."[12] "Desalentado" não é apenas vívido, bem colocado e inesperado, embora seja tudo isso; também nos leva a vivenciar toda uma intensa carga de introspecção, observação e experiência que ilumina a autora, como também o homem absorto que ela está descrevendo.

Falando sobre formas de versos, Auden dividiu os escritores em dois tipos:

> A diferença entre versos formais e versos livres pode ser equiparada à diferença entre entalhar e modelar; o poeta formal, na verdade, pensa o poema que está escrevendo como algo já latente na linguagem que ele tem de revelar, enquanto o poeta de versos livres pensa na linguagem como um meio passivo e flexível sobre o qual ele impõe sua concepção artística.[13]

Nesses termos, Flaubert, que trabalhava dias seguidos em uma única página, é o mais extremado dos entalhadores, enquanto Balzac, que escrevia livros inteiros em poucas semanas, seria o mais extremado dos modeladores. A distinção entre o entalhador e o modelador não implica, é claro, qualquer julgamento de valor; não tem nada a ver com escrever bem ou mal; é apenas uma questão de sensibilidades diferentes. A austeridade trapista de Samuel Beckett espelha sua timidez crônica e também sua visão sombria do mundo, assim como o intrincado estilo de Henry James reflete exatamente sua maneira notoriamente hesitante de falar — seu jeito de ficar constantemente dando voltas em torno de um tema, avançando sobre ele e depois, com muita cerimônia, recuando, aproximando-se um pouco e bem devagar, depois um pouco mais, colocando-se furtivamente em posição de tê-lo ao seu alcance, preparando-se para o bote final. Na vida real, a sutileza do mestre era mais difícil de se tolerar do que na sua ficção, e em certa ocasião famosa quase fez sua dedicada amiga e discípula, Edith Wharton, perder a paciência:

> Por acaso, James e eu chegamos a Windsor muito depois de escurecer. Creio que estávamos sendo conduzidos por um chofer desconhecido — talvez Cook estivesse de folga; seja como for, já tendo adquirido o preguiçoso hábito de confiar em Cook para achar o caminho, eu me vi totalmente perdida na hora de orientar seu substituto até a King's Road. Enquanto eu hesitava e tentava enxergar algo naquela escuridão, James observava discretamente um ancião trêmulo que havia parado na chuva para ficar olhando para nós.
> — Espere um momento, minha cara. Vou perguntar a ele onde estamos. — E inclinando-se para fora, fez um sinal para o homem que nos olhava.
> — Meu bom homem, por favor, chegue mais perto... assim. — E quando o velho se aproximou, ele disse: — Meu amigo, para resumir em duas palavras, esta dama e eu acaba-

mos de chegar de Slough, ou na verdade, para sermos bastante precisos, acabamos de *passar por* Slough no caminho para cá; na verdade, nos dirigíamos a Windsor vindos de Rye, que foi de onde partimos; e como a escuridão nos envolve agora, ficaríamos muito gratos se você nos dissesse onde estamos agora em relação, digamos, a High Street, que, como você certamente sabe, leva a Castle, depois de dobrarmos à esquerda para descer em direção à estação de trem.

Não fiquei surpresa quando um apelo tão extraordinário foi respondido com o silêncio e uma expressão de espanto naquele rosto velho e enrugado na janela, nem com o fato de James ter continuado:

— Em suma (que era seu invariável prelúdio para uma nova série de ramificações explanatórias), em suma, meu bom homem, o que lhe disse em poucas palavras foi isto: supondo que já ultrapassamos (como tenho razões para acreditar que o tenhamos feito) o ponto em que deveríamos virar para a estação de trem (e se for assim, a propósito, essa entrada não estaria à nossa esquerda, mas à nossa direita), onde estamos agora em relação a...

— Oh, por favor! — interrompi, sentindo-me absolutamente incapaz de suportar mais um parêntese. — Pergunte a ele onde fica a King's Road!

— Ahn...? A King's Road? Exatamente! Isso mesmo! Meu bom homem, sendo assim, poderia nos dizer, tomando nossa presente localização como referência, onde fica exatamente a King's Road?

— Vocês estão nela — disse o rosto envelhecido na janela.[14]

ENCONTRANDO UMA VOZ

Na vida cotidiana, a hesitação patológica de James algumas vezes era absurda, outras, hilariante, outras, frustrante; em seus romances, no entanto, a patologia passa a ser um recurso narrativo, uma maneira de criar uma delicada rede de insinuações por meio das quais ele revela sua dissimulada e subjacente insinuação de imoralidade. O adultério, por exemplo, nunca é explicitado, é apenas insinuado. O que Maisie soube a esse respeito refere-se a um guarda-chuva de adulto perdido e à repentina lembrança de onde fora deixado (no apartamento de sua amante, mas ninguém diz isso). Em *Os embaixadores*, tudo que o honrado Lambert Strether precisa para compreender que seus dois atraentes amigos estão tendo um relacionamento que envolve sexo é um encontro casual com eles, em um passeio de barco pelo Sena; acontece que não vestem casacos para protegê-los do frio; portanto, não estariam, como ele, aproveitando um inocente passeio pelo campo; eles tinham deixado suas roupas num hotel na margem do rio; ele, igualmente, não diz uma palavra, mas seu caso de amor com a imoral Europa termina ali. As tempestades, em Henry James, são reveladas apenas pelo débil ressoar de um trovão distante no horizonte, fora do alcance da vista.

Diretas ou tortuosas, há tantas regras para a escrita elegante quanto para pessoas elegantes, embora as duas categorias não se sobreponham necessariamente. "Algumas pessoas têm um talento natural para usar as palavras, assim como algumas têm '*bom olho*' para jogos", escreveu George Orwell. "É sobretudo uma questão de *timing* e de saber intuitivamente quanta ênfase deve ser usada".[15] É também, no fim das contas, uma questão de escrúpulo e de consciência, uma moralidade estética que se manifesta naquilo que os existencialistas costumavam chamar de "autenticidade" — uma percepção do peso da pessoa como um todo, por trás das palavras. O estilo verdadeiro — que é o que chamo de voz — pode surgir sob qualquer forma, contanto que tenha vida e ânsia suficiente para envolver o leitor e fazê-lo entender que o que está sendo dito realmente tem importância. Ford Madox Ford disse certa vez, que, em sua ficção, tinha como objetivo "uma limpidez de expressão que poderia tornar a prosa parecida com o som de alguém conversando em voz bem baixa, cochichando no ouvido de outra pessoa",[16] e é exatamente isso que ele faz na frase de abertura de *The Good Soldier*: "Esta é a história mais triste que já ouvi!" No caso, trata-se de uma mentira; a história que o narrador está prestes a contar realmente é triste, mas é dele, aconteceu com ele; ele não a ouviu de ninguém, e agora ele está bem ali, para contá-la a você. Assim, ele conquista o leitor na primeira linha — apenas com uma boa e sedutora conversa — e não o larga mais.

Uma obra-prima como *The Good Soldier* impõe um elo compulsivo tão forte a seus leitores porque o próprio autor também está possuído — pela história, pelas pessoas que participam dela, esses personagens imaginários com vontade própria, e também por obscuras exigências que o conduzem. Mas antes que qualquer uma dessas coisas possa agir, ele deve estar possuído por uma voz. Eis como Virginia Woolf explicou a questão:

> Estilo é algo bastante simples: é tudo ritmo. Uma vez que se entenda isso, não se pode usar palavras erradas. Por outro lado, aqui estou, sentada durante metade da manhã, abarrotada de idéias, visões e coisas assim, e não consigo pô-las para fora, por falta do ritmo certo. Ora, trata-se de um assunto bastante profundo, o que é o ritmo, e vai muito além das palavras. Uma visão ou uma emoção criam essa onda na mente muito antes de surgirem palavras para exprimi-la; e, ao escrever (é nisso que acredito hoje em dia), a pessoa tem de recapturar isso e pô-lo para funcionar (o que, aparentemente, nada tem a ver com palavras), e então, no que irrompe e começa a se revolver na mente, surgem as palavras para exprimi-lo.[17]

O processo, do modo como Woolf o descreve, pode ser sutil e delicado, mas de maneira alguma é monopólio dos escritores mais requintados. Anita Loos e Elmore Leonard têm vozes que são exclusiva e autenticamente suas, tanto quanto as de Virginia Woolf ou Mark Twain. Elmore Leonard, cuja prosa é infalivelmente austera e econômica, incluiu em seu *website* dez regras para se escrever bem. Todas falam em evitar o estilo mais refinado e uma escrita extravagante, em cortar toda pretensão e todo entulho literário, em simplificar permanentemente a fim de se permanecer invisível como escritor. No final, ele resume tudo numa única regra: "Se estiver soando como se tivesse sido escrito, eu reescrevo."

Estilo, como já disse, é diferente de voz, e às vezes o estilo que você tanto trabalhou para adquirir — o *seu* estilo — atrapalha o que você quer dizer. Certamente foi isso que

A VOZ DO ESCRITOR

aconteceu com Plath, que começou como uma entalhadora e tornou-se uma modeladora. Ela suava para escrever seus primeiros poemas como se estivesse lascando granito, e os resultados são tão ostensivamente perfeitos que parecem evasivos, como se a perfeição fosse uma maneira de evitar dizer o que ela de fato pretendia dizer. Tudo isso mudou nos últimos meses de sua vida, quando seu demônio apertava sua garganta e os poemas pareciam então fluir sem esforço e diariamente — às vezes, ela chegava a compor três por dia. Mesmo assim, nesse sonho de criatividade de modelador, ela continuou fiel ao seu aprendizado de entalhadora, reescrevendo obsessivamente, até que os poemas adquirissem seus próprios, e bastante diferenciados, estilos de perfeição.

E fazia isso porque os poetas, acima de tudo, são movidos pelo ideal da perfeição lingüística. Como alguém que escreve prosa para ganhar a vida e poemas quando estou com um pouco de sorte, asseguro a vocês que as duas atividades são radicalmente diferentes. Não importa quantas vezes se reescreva a prosa ou o quanto pareça fácil de ser lida quando está concluída, o trabalho na prosa nunca chega de fato a terminar. Há sempre uma palavra mal escolhida ou fora do lugar, uma repetição que se deixou passar, um adjetivo que poderia ser cortado, uma vírgula que deveria ser um ponto-e-vírgula, algo que o faz cerrar os dentes de raiva quando o texto é relido mais tarde, preto no branco. Os poemas não funcionam da mesma maneira. São tão intrincados quanto as gigantescas fechaduras de um cofre de banco: cada engrenagem interna do segredo tem de se encaixar, com seu estalido próprio, no seu lugar exato, para que a porta se abra. O que quero dizer é que um poema não está concluído até que todas as palavras estejam sopesadas e colocadas com precisão; enquanto algo ainda estiver errado, o poeta não terá descanso. Entretanto, depois que o acerta, o poeta sabe com igual convicção que não há nada mais a ser feito: produziu algo que, naquele momento, está tão próximo da perfeição quanto ele é capaz de fazer. E essa é uma satisfação pela qual vale a pena suar bastante. Paul Valéry escreveu: "Nessa estranha faculdade de fazer determinadas coisas, que são irrelevantes para a vida, com tanto cuidado, paixão e persistência como se a vida dependesse delas... é lá que encontramos o que se chama de vida."

Estou falando a respeito da obsessão do artesão pelo detalhe — obsessão na sua forma patológica menos drástica — e é na poesia, como em todas as outras artes, que essa fascinação é encontrada. Yeats a chamou de "fascinação pelo que é difícil", e não tem quase nada a ver com a trinca de motivações — "fama, riqueza e o amor de belas mulheres" — que, para Freud, era o que estimulava os artistas. A fascinação, como Yeats a descreveu, por simplesmente acertar com a coisa — sendo "*a coisa*" uma obra com vida própria, totalmente independente do artista e indiferente a ele.

CAPÍTULO 2 Escutando

O movimento é a música silenciosa do corpo.

— WILLIAM HARVEY

Quando a música muda, as paredes da cidade estremecem.

— PLATÃO

Ninguém se torna um escritor de verdade sem antes encontrar sua voz própria — aquela que, segundo Philip Roth, é "algo que começa mais ou menos na parte de trás dos joelhos e chega até bem acima da cabeça". Mas encontrar uma voz implica que haja leitores por aí que saberão como escutar, e escutar é uma habilidade quase tão caprichosa quanto escrever. É até mesmo, a seu modo, uma arte, nascida daquela mesma obscura paixão que anima todo escritor — o amor pela linguagem e pelo que Cheever chamou de "sua intimidade, seu mistério, seu poder de evocação". O bom leitor escuta com a mesma atenção com que o escritor es-

A VOZ DO ESCRITOR

creve, ouvindo tons e subtons, alterações de altura, e tão envolvido e atento como se estivesse numa conversa com o escritor. Escutar desse modo é o contrário da leitura dinâmica, é como ler em voz alta — só que silenciosamente, dentro da própria cabeça. Escutar, por exemplo, duas variações de um tema semelhante, sendo que ambos alcançam seu clímax com a mesma imagem triunfal. Primeiro, de Yeats, "A Deep-Sworn Vow", publicado em 1919:

> Outros são, porque você não manteve
> Aquele juramento tão solene, os que têm sido meus amigos;
> No entanto, sempre que olho o rosto da morte,
> Quando, embora com dificuldade, concilio o mais profundo sono;
> Ou quando o vinho me excita,
> De repente, me defronto com o seu rosto.*

Agora, a variação de Cole Porter para o mesmo tema, escrita quinze anos depois:

> Minha história é triste demais para ser contada,
> Mas praticamente tudo me deixa totalmente frio.
> A única exceção que conheço é quando

---

*Others because you did not keep / That deep-sworn vow have been friends of mine; / Yet always when I look death in the face, / When I clamber to the heights of sleep, / Or when I grow excited with wine, / Suddenly I meet your face.

ESCUTANDO

Estou por ali me embebedando sem alarde,
Lutando em vão contra o velho tédio,
E de repente me volto e vejo
Seu rosto fabuloso.*

A letra e a música de "I Get a Kick Out of You" estão hoje em dia tão conectadas que não acredito que seja possível ler os versos de Cole Porter sem escutar a canção. A espantosa imagem final abre a porta, como se estivesse inserida na espantosa melodia; no entanto, os versos que conduzem a ela são curiosamente frouxos e contidos — um bate-papo recitativo, uma conversa vaga, deliberadamente indiferente, mas avançando para uma revelação, como se o cantor estivesse aquecendo a garganta antes de fazer irromper a canção. Embora seja impossível saber, estou convencido de que a melodia surgiu primeiro, porque, quando se junta com a letra, torna-se contundente, ganha estilo, como se fosse com o propósito de combinar-se com ela.

Já Yeats teve de criar sua própria e quase imperceptível música para "A Deep-Sworn Vow" e introduzi-la sub-repticiamente no poema, sem instrumentos e praticamente sem que ninguém perceba. Como faz isso? Certamente não é com a prosódia tradicional; somente o terceiro dos seis ver-

---

*My story is much too sad to be told, / But practically everything leaves me totally cold. / The only exception I know is the case / Where I'm out on a quiet spree, / Fighting vainly the old ennui, / And I suddenly turn and see / Your fabulous face.

sos é um pentâmetro iâmbico com as dez sílabas regulamentares; o primeiro verso tem oito sílabas, o segundo, o quarto e o quinto têm nove, o último tem apenas sete. Esse último verso conclui abruptamente o poema com o que parece uma crua constatação, mas que é, na realidade, um salto imaginativo tão surpreendente que, num poema em tudo o mais cuidadosamente rimado, Yeats não se preocupa sequer em procurar uma nova rima. Ele simplesmente repete a palavra "face" porque o poema é sobre isso: o rosto dela o perseguiu durante toda a vida, de modo que, quando ele encara a morte, é o rosto dela que ele vê. O efeito dessa música rude é criar não uma melodia, como Cole Porter, mas uma presença — uma voz resignada falando ansiosamente ao nosso ouvido.

Rude ou alguma outra coisa que seja, é em última instância uma questão de musicalidade — ou melhor, de ouvido para música, como Coleridge o descreveu *à propos* do jovem Shakespeare:

> O homem que não tem música em sua alma não pode de fato ser um poeta genuíno. Imaginação..., evocando episódios, nada mais do que pensamentos, despertando sentimentos pessoais e domésticos, e com esses a arte de sua combinação ou entrelaçamento sob a forma de poemas, podem todos, por meio de incessante empenho, ser adquiridos no exercício do ofício, por um homem de talento e muita leitura, que... confundiu um intenso desejo de ser famoso como poeta com o natural gênio poético... Mas o

ESCUTANDO

senso de prazer musical, com o poder de produzi-lo, é um dom da imaginação... pode ser cultivado e aprimorado, mas nunca pode ser aprendido.[1]

Esse ouvido para a música inerente a um verso — pela proximidade e perturbação que irão gerar uma voz autêntica — é o equivalente poético da afinação perfeita e, como diz Coleridge, não é o mesmo que dominar a técnica das regras métricas e todas as normas que chamamos de prosódia. Isto pode, "por meio de incessante empenho, ser adquirido no exercício do ofício, por um homem de talento e muita leitura", mas afinação perfeita é um dom natural, inato e instintivo, por meio do qual os melhores poetas dão vida nova a convenções exauridas e as moldam como querem. Esta, aliás, era uma preocupação que sempre acompanhou os poetas modernistas um século atrás, quando voltaram as costas às formas tradicionais e começaram a experimentar o verso livre.

Quero explorar mais um pouco o tema da música e da poesia. Em seus primórdios, a poesia estava ligada à profecia e aos rituais religiosos, e aos estados de consciência exaltados que geravam. Os poetas eram contadores de histórias, mas eram também pessoas inspiradas, como sacerdotes, e empregavam uma linguagem elevada e densa como um símbolo da exaltação que haviam alcançado, como se fosse para comprovar que estavam revelando algo fundamental. E como os primeiros poemas eram falados, muito antes de serem

A VOZ DO ESCRITOR

escritos, os poetas épicos que escreveram *Gilgamesh*, a *Ilíada* e *Beowulf* se valeram das qualidades hipnóticas do ritmo, ou rima, ou aliterações, tanto como um apoio para suas próprias memórias como para atrair e manter a atenção de suas platéias. Não era uma tarefa fácil naquela época em que a própria leitura era um atributo tão raro. Um dos manuscritos de Chaucer, por exemplo, é ilustrado com uma pequena iluminura do poeta lendo *Troilus e Criseida* num banquete real: o rei e seus cortesãos estavam festejando em torno de uma mesa comprida, conversando animadamente, erguendo brindes uns aos outros e, aparentemente, sem dar a menor atenção ao pobre Chaucer, que está sentado, taciturno, diante deles, lendo um manuscrito sobre seus joelhos. Devia ser final do século XIV, de modo que imagino que o poeta de *Beowulf* tenha passado por dificuldades ainda maiores em meio aos festins nos salões nobres de quatro ou cinco séculos antes.

Em outras palavras, a poesia oral era uma contação de história numa linguagem enriquecida por truques *quase-musicais* que forçavam a platéia a permanecer sentada e escutar, evitando assim que o poema se tornasse apenas mais um barulho de fundo, uma espécie de música verbal no sistema de som de escritórios. Em culturas sofisticadas, como na antiga Atenas, em Roma e na Renascença européia, quando poetas escreviam para a platéia elitizada daqueles que eram capazes de ler, a capacidade de lidar com a métrica tornou-se um prazer técnico em si, e havia um lugar especial no Parnaso para os poetas como virtuoses. Daí, na época de Milton, por exemplo, a breve reverência às ilegíveis odes pindáricas de Abraham Cowley. Mais pertinente, portanto, seria a honorável tradição, que se opôs até mesmo à idealização romântica de gênio, segundo a qual ninguém podia ser um poeta sem ser primeiro um artesão, um mestre da rima e da métrica. Em suma, a poesia é uma árdua disciplina, uma habilidade que tem de ser aprendida, como para se ganhar a vida desenhando, mas que permanece conosco, independentemente do que se faça com ela depois.

Mas no final do século XIX, quando os intrincados poemas de Swinburne eram considerados modelo de excelência, o virtuosismo métrico praticamente predominava sobre o significado.* O modernismo foi, entre outras coisas, uma reação a esse virtuosismo sonoro mas vazio, uma requintada revolta contra a falta de conteúdo. Era isso que Pound insinuava ao afirmar: "A poesia deve ser pelo menos tão bem escrita quanto a prosa". Seu *slogan* era "Inove", e uma das chaves para se inovar era o verso livre: "compor", escreveu ele, "na seqüência de uma frase musical, não na seqüência do metrônomo". I. A. Richards explicou isso melhor em seu influente

---

*Em "Hiawatha", de Longfellow, a métrica hipnótica pulsa num fluxo próprio, quase impermeável ao significado, como mostra a paródia "Hiawatha Gloves": *"He, to get the cold side outside, / Put the warm side, fur side, inside, / He, to get the warm side inside, / Put the cold side, skin side, outside..."* etc. (Aquele que quer pôr o lado frio para fora, / Põe o lado quente, o lado forrado de peles, para dentro, / Aquele que quer pôr o lado quente para dentro, / Põe o lado frio, o lado do couro, para fora...).

Principles of Literary Criticism, escrito em 1924 — em parte para ajudar a validar a desconcertante e absolutamente nova poesia de T. S. Eliot:

> Toda a concepção de métrica como *"uniformidade* na variedade", uma espécie de exercício mental no qual as palavras, essas coisas erráticas e variadas, fazem o máximo para se comportarem como se fossem todas igualmente, fora certas concessões, licenças e equivalências permitidas, deve hoje em dia entrar em obsolescência.[2]

Richards chamava o ritmo de "uma textura de expectativas, satisfações, decepções, surpresas, que a seqüência de sílabas faz surgir", e o que ele diz sobre escutar com novos ouvidos soa muito parecido com Hulme no trecho que citei anteriormente, sobre a necessidade de ver com novos olhos:

> O frescor é convincente, sente-se de imediato que o artista está ali em um verdadeiro estado físico. É o que se sente por um minuto. Comunicação real é muitíssimo rara, já que o mero discurso não é convincente. É nesse raro fato de comunicação que se chega ao âmago do prazer estético.
>
> Manterei isso sempre que se tenha um interesse extraordinário por alguma coisa, grande entusiasmo em sua contemplação, que leva aquele que contempla a uma descrição acurada... Aí já se tem justificativas suficientes para a poesia. Deve ser um entusiasmo intenso que eleva algo acima do nível da prosa.[3]

ESCUTANDO

Hulme era o Imagista original, e estava falando sobre imagens, sobre o que acontece quando um poeta, concentrado em alguma cena ou em algum objeto, descreve com precisão aquilo que vê, algo cunhado no ato, e sem referência às maneiras convencionais de olhar. Mas quando Hulme diz "O frescor é convincente, sente-se de imediato que o artista está ali em um verdadeiro estado físico," o que ele está descrevendo tem, eu creio, tanto a ver com música e ritmo quanto com imageria visual.

Como já escrevi em outro texto,[4] alguém disse certa vez que ritmo é a única coisa que o poeta não consegue jamais falsificar. Aqui, ele falava sobre ritmo interno, a respiração natural de um verso, que tem muito pouco a ver com prosódia regular, com o mecânico *tum-tum* do verso polido de modo tradicional:

> The Assyrian came down like the wolf on the fold,
> And his cohorts were gleaming in silver and gold.*

Essa é a poesia de metrônomo; sabe-se com antecedência onde cada ênfase irá cair. Agora, ouçam estes dois versos de *O mercador de Veneza*:

> Peace, ho! The moon sleeps with Endymion
> And would not be awaked**

---

*Os assírios desceram como uma matilha de lobos, / E suas coortes reluziam em prata e ouro.
**Paz, ah! A lua dorme com Endymion / E não deve ser acordada!

A VOZ DO ESCRITOR

O que Portia quer dizer é "Olhe, estão de agarramentos!",* mas a maneira como ela diz isso é tão sobressaltada e alarmante quanto o som da água corrente. O primeiro verso é um pentâmetro iâmbico, mas a prosódia é um instrumento canhestro e se, Deus não permita, alguém desejar uma análise técnica de como os versos funcionam, o melhor provavelmente seria usar a teoria do caos, a ciência dos sistemas dinâmicos não-lineares — tais como, aliás, o correr da água —, nos quais as partes agem umas sobre as outras de maneira imperceptível de modo a produzir um comportamento complexo e imprevisível.

Isto é apenas uma maneira empolada de descrever o que a boa poesia faz: os sentimentos — não as grandes emoções a que se aspira, mas, no conjunto, a sensação mais sutil de estar emocionalmente desperto — são expressos menos em imageria do que em movimento, no ritmo interno da linguagem. Quando um poeta está genuinamente possuído, pode-se escutar isso na maneira como os versos se movem. E quando o ritmo está morto, nenhuma quantidade de invenção pode disfarçar esse fato. Nesse aspecto, poesia e música são semelhantes; o ritmo — o modo como os sons se combinam, se separam, se recombinam — é o veículo da emoção. Sei por experiência própria, como poeta, que às vezes é possível escutar um poema antes de saber do que ele trata, captar o movimento antes de entender as palavras, como se o movimento fosse algo que se escuta vagamente, como um chamado para despertar, ou a primeira e tênue manifestação de algo aguardando para se

---

*"Look, they're necking!"

expressar. E sem esse movimento ou distúrbio interno, as palavras, por mais cativantes que sejam, permanecem inertes. O verso em si pode até não conter elementos visuais — como "E a primavera, lentamente, vem até nós",* de Coleridge —, ou a imageria pode ser suprimida e posta à distância — "Empenhado na busca em contínua mudança",** de *sir* Thomas Wyatt — mas, se escutarmos direito, poderemos ouvi-la alvoroçando, fazendo pausas, respirando.

Escutem, por exemplo, a abertura de "Snake", de D. H. Lawrence, que parece estar em versos livres:

> A snake came to my water-trough
> On a hot, hot day, and I in pyjamas for the heat,
> To drink there.***
>
> In the deep, strange-scented shade of the great dark carob-tree
> I came down the steps with my pitcher
> And must wait, must stand and wait, for there he was at the trough before me.****

---

*"And the spring comes slowly up this way"
**"Busily seeking with a continual change".
****Uma serpente veio até a minha gamela de água para os animais / Num dia quente, muito quente, e eu de pijama para enfrentar o calor, / Para ali beber.*

*****Sob a espessa e exoticamente perfumada sombra da grande e escura alfarrobeira / Desci os degraus com minha bilha / E precisei esperar, precisei ficar ali de pé esperando, pois lá estava ela na gamela à minha frente.*

A VOZ DO ESCRITOR

O que temos aqui são dois estados de espírito totalmente diferentes — interior e exterior, trivial e possuído — e eles se alternam. Na primeira estrofe, os versos 1 e 3 se combinam para fazer uma afirmação meramente concreta — "*Uma serpente veio até a minha gamela de água para ali beber*" — que é interrompida pela tensão de algo expectante e estranho: "Num dia quente, muito quente, e eu de pijama para enfrentar o calor". Na segunda estrofe, a estranheza avança e a narrativa mais concreta é confinada ao verso do meio — "Desci os degraus com a minha bilha". Tudo isso é feito implicitamente: o poeta não fala dos seus sentimentos; ele os insinua no distúrbio causado pelos próprios versos. Nas palavras de Lawrence, eles "eriçam o interior mais profundo do meu ouvido".

John Donne era genial em versos de abertura que fazem os seus leitores se endireitarem na cadeira e prestarem atenção: "Eu me pergunto, por minha honra, o que vós e eu / Fazíamos até amarmos?"; "No nosso primeiro, tão estranho e fatal encontro"; "Duas ou três vezes eu te amei / Mesmo antes de conhecer teu rosto ou teu nome"; "Que a morte não se orgulhe",* e muitas outras. Mas não é simplesmente sua autoridade de exigir ser ouvido que detém a pessoa onde estiver. Donne também escreve de modo a nos fazer sentir

---

* "*I wonder, by my troth, what thou and I / Did, till we loved?*"; "*By our first strange and fatal interview*"; "*Twice or thrice had I loved thee, / Before I knew thy face or name*"; "*Death be not proud*".

ESCUTANDO

como estivéssemos cara a cara com ele. Barbara Everett observou essa sinistra aproximação, quase física, quando escreveu: "Toda vez que abro um livro de Donne, num bom dia de leitura, sou assaltada por uma extraordinária distinção, força e originalidade de talento e de mente, tão generosa e até mesmo despojada é a presença de Donne na página".[5] Num poema intitulado "The Blossom", Donne fala a respeito de "meu coração nu, pensante",* e isso parece descrever exatamente o que ele expressa em seus melhores poemas; podemos ouvir o coração dele batendo e podemos ouvi-lo pensando, como se as duas coisas fossem um único e mesmo processo.

Talvez sejam isso mesmo, num nível genuinamente criativo e não apenas em arte. Foi assim que Albert Einstein descreveu o modo pré-verbal como as idéias chegavam a ele como físico:

> Palavras ou linguagem, no que são escritas ou faladas, não parecem desempenhar qualquer papel no meu mecanismo do pensamento. As entidades físicas que parecem servir como elementos do pensamento são certos sinais, além de imagens mais ou menos nítidas, que podem ser *voluntariamente* reproduzidas e combinadas... Os elementos mencionados acima são, no meu caso, do tipo visual e algo muscular. Palavras convencionais ou outros sinais precisam ser buscados

---

*"*my naked, thinking heart*".

com afinco somente num segundo estágio, quando o mencionado jogo associativo está suficientemente estabelecido e pode ser reproduzido à vontade.⁶

Mente e corpo são indivisíveis, é o que Einstein diz implicitamente, e o pensamento criativo é um processo físico, do tipo "visual e muscular", profundamente imbuído de mente-corpo.

Três séculos antes, Donne dissera praticamente a mesma coisa, e também demonstrou a idéia pelo modo como a expressou:

>   nós a entendemos
> Só de vê-la; seu sangue puro e eloqüente
> Falava em suas faces, e agia com tanta nitidez,
> Que alguém quase poderia ter dito que seu corpo pensava.*

Repare como o ritmo ecoa e intensifica o que ele está dizendo: o salto de um verso para o outro destaca as palavras-chave *"understood"* e *"spoke"*; o movimento hesitante de pausa de *"That one might almost say, her body thought"* parece imitar o processo do pensamento. De acordo com Schopenhauer, "os pensamentos morrem no instante em que são representados por palavras". Não neste caso. Descrito por Donne, o pensamento é tão físico e dramático quanto a dança.

---

we understood / Her by her sight; her pure and eloquent blood / Spoke in her cheeks, and so distinctly wrought, / That one might almost say, her body thought.

ESCUTANDO

Parece ser sempre assim na escrita criativa. No final de seu poema "Among Schoolchildren", Yeats pergunta: "Como podemos conhecer o dançarino pela dança?". Ele está falando sobre conhecimento e a indivisibilidade de idéia e forma. Nesses termos, a poesia é como a dança: tem uma dimensão corporal, uma espécie de profundidade muscular que toca tanto o poeta quanto o leitor de um modo que eles não têm plena consciência.

A música também funciona de modo semelhante. Quem a escuta, ouve uma peça musical como um processo, como uma prolongada e intrincada conversa entre instrumentos. Mas para que essa conversa ocorra e faça sentido, os músicos devem pensar tanto vertical quanto horizontalmente — em acordes e harmonias, assim como em frases. Os músicos assumem isso sem questionar: "Há muitas maneiras de se equilibrar um acorde", disse Alfred Brendel, "e precisamos acabar aprendendo a medir o som de um acorde em nossa imaginação e depois controlá-lo na execução." A citação é de *The Veil of Order*, uma série de conversas entre Brendel e o crítico Michael Meyer. O livro tirou seu título de um aforismo de Novalis: "O caos, numa obra de arte, deve cintilar através do véu da ordem". E essa é uma idéia que atrai muito Brendel: "Sou muito inclinado ao caos, ou seja, ao sentimento. Mas somente o véu da ordem torna possível a obra de arte".[7] Ele parece estar insinuando que o sentimento, o caos que se ergue verticalmente do inconsciente, é posto em ordem pelo fraseado e pelo desenvolvimento horizontal, mas que sem o caos do sentimento não pode haver música. É a mesma coisa com a linguagem: argumentação, métrica e tom de voz criam ordem, mas tudo depende do peso e da ressonância de cada palavra.

Em *Four Quartets*, Eliot escreve sobre "a música ouvida tão profundamente / Que não é absolutamente ouvida, mas você é a música / Enquanto a música dura". Também os poemas se apropriam do leitor, embora de uma maneira diferente: não por abstrair o eu de seu eu, mas por uma curiosa excitação física. "Toda poesia é uma questão corporal", escreveu Hulme, "... ou seja, para ser lida, precisa afetar o corpo".[8] I. A. Richards pensava o mesmo:

> Não devemos pensar (a métrica) como agindo nas palavras em si ou no ressoar de um tambor. Não é algo na estimulação, mas na nossa reação. A métrica acrescenta algo a todas as expectativas, dirigidas para fins variados, que concebem o ritmo como um padrão temporal definido, e seu efeito não é devido à nossa percepção de um padrão que nos é externo, mas a que nos tornemos, nós mesmos, padronizados. Com cada pulsação da métrica, uma onda antecipa dentro de nós voltas e reviravoltas, instalando, como ocorre, reverberações extraordinariamente conjugadas. Jamais entenderemos a métrica enquanto perguntarmos *"Por que o padrão temporal nos excita?"* e deixarmos de perceber que o próprio padrão é uma vasta agitação cíclica que se espalha por todo o corpo, uma onda de excitação extravasando pelos canais da mente.[9]

ESCUTANDO

Para o poeta que produz essa onda de excitação, o ritmo interior é o equivalente poético da linguagem do corpo, e o estilo em si, como o poeta australiano Les Murray o descreve, tem raízes profundas no físico:

> Você tem de se tornar capaz de sonhar ao mesmo tempo em que pensa em escrever poesia. Você pensa com uma mente dupla. É como pensar com os dois lados do seu cérebro ao mesmo tempo. E se você não consegue fazer isso, não pode escrever poesia. Você pode escrever prosa explanativa, mas a poesia é tão sonhada quanto pensada, e é tão dançada no corpo quanto é escrita. É algo que acontece nos pulmões. Em todos os seus músculos — é possível senti-la nos músculos.[10]

Les Murray é um poeta extraordinariamente físico, não só em sua apreensão do mundo e na maneira como escreve sobre isso, mas também em si mesmo. É um homem poderoso com um apetite voraz, com tendência à obesidade (come quando está deprimido; durante um período particularmente agudo e prolongado de depressão, seu peso subiu para espantosos cento e sessenta quilos). Mas creio que a fisicidade da qual ele está falando está toda na mente: é um apetite por lugares e pessoas, pela cabal diversidade do mundo físico e o rico sabor das palavras na boca.

Não há, é claro, nenhuma correlação óbvia ou necessária entre o físico de um artista e sua obra, embora Hemingway nitidamente discordasse disso. Aquele seu estilo contido e

A VOZ DO ESCRITOR

pouco comunicativo pode ter degenerado numa pose de macho, mas não até mais tarde, quando ele já era famoso, complacente consigo mesmo e estava ficando flácido. No seu início — um jovem que pescava, caçava e lutava boxe tão bem quanto escrevia —, ele cuidava de sua prosa com tanto rigor quanto um atleta em treinamento cuida e apura seu corpo para criar, como aconteceu, o equivalente literário da pureza física e do ascetismo de um atleta.

Talvez fosse isso que Roland Barthes tinha em mente quando escreveu:

> Imageria, libertação, vocabulário saltam do corpo e do passado do escritor, e gradualmente passam a ser os próprios reflexos de sua arte. Embora sob o nome de estilo, uma linguagem auto-suficiente é desenvolvida, e tem suas raízes somente nas profundezas da mitologia pessoal e secreta do autor... Sua moldura de referência é biológica ou biográfica, e não histórica.[11]

Ao que parece, Barthes está dizendo que o estilo de um autor é uma expressão de sua própria e única existência física no mundo, uma idéia que é particularmente apropriada para Hemingway e sua prosa. Para outros artistas, no entanto, essa adequação entre físico e estilo não é senão nítida e previsível, e às vezes o criador e sua obra parecem em irremediável desacordo. Debussy, por exemplo: sua música é delicada, plena de atmosfera, suave, etérea, mas o homem em si, de acordo com seus contemporâneos, parecia um rabanete — simplório, rechonchudo, irascível e cheio de apetite.

A poesia, como a descreve Les Murray, tem de ser simultaneamente sonhada e sentida no corpo. Mas, então, o sonho em si já é uma espécie de pensamento físico. Ocorre no sono REM,* quando o corpo está parado, os músculos paralisados, e só os olhos se movem. Enquanto isso, a mente continua trabalhando, embora de modo diferente: expressa seus pensamentos não abstratamente, em palavras, mas concretamente, em imagens, e dramaticamente, em gestos, como numa charada. É assim, suponho, que a linguagem funciona num poema. Henry James descreveu a imaginação criativa como o "poço profundo da atividade cerebral inconsciente". Os pensamentos, as imagens e as tramas que emergem desse poço não são meramente encharcados no inconsciente do artista, eles também se tornam mais espessos com uma espécie de resíduo físico. Esta fusão de mente e corpo é bem o que quero dizer quando falo sobre a voz e a presença do autor.

Trata-se de uma idéia que se aplica bem particularmente a Shakespeare. Ele escrevia numa época em que a língua inglesa ainda não havia sido consolidada — suas regras ainda eram vagas e os significados ainda não haviam sido fixados** —, e

---

Rapid Eye Movement = Movimento ocular rápido. (*N. do T.*)
**Creio que o moderno inglês americano é igualmente maleável e aberto ao vernacular, e pode ser por isso que os melhores escritores americanos do século XX quase sempre parecem lingüisticamente mais enérgicos do que seus correspondentes britânicos.

um dos aspectos de sua genialidade era a maneira como ampliava suas possibilidades. No grandioso *Oxford English Dictionary*, de vinte volumes, uma quantidade impressionante de primeira utilização é atribuída a ele. Isso acontece principalmente em suas últimas peças, quando parecia estar apalpando seu caminho em direção a um pensamento em pleno processo de pensá-lo, e então a complexidade do que está dizendo o empurra para expandir os limites da linguagem. Esse processo culmina em *"Rei Lear"*, quando alguma coisa estranha acontece com sua linguagem, como se ele estivesse indo além de meras palavras e penetrando em alguma forma mais visceral de apreensão.

"Rei Lear" é a mais grandiosa de suas peças, mas também a mais cruel, a mais sombria e a mais irremediavelmente pessimista. (Em todas as outras versões da história, Cordélia sobrevive para propiciar algo semelhante a um final feliz. Mas não em Shakespeare.) "Em *'Lear'*, escreve Frank Kermode num elegante ensaio, "há uma maneira de olhar para as pessoas como se elas fossem simples seres humanos, naturalmente despidos, desgraçados cuja posição como algo mais do que isso depende de seus acréscimos, sem os quais podem ser indistinguíveis do Pobre Tom: 'um homem desajustado nada mais é do que um pobre, despido e incompleto animal'"*.[12] "Acréscimos" é a palavra usada por Shakespeare para designar os refinamentos morais e

---

*"unaccommodated man is no more but such a poor, bare, fork'd animal".

materiais que geram a civilização — riqueza, roupas, moradia, honras, cortesia, gratidão, lealdade e, acima de tudo, os laços entre as crianças e seus pais. São essas as frágeis defesas que a sociedade constrói para se manter longe do caos e, sem elas, nas palavras de Albany; "É algo que virá, / A humanidade precisa fazer de si mesma suas vítimas / Como monstros das profundezas."

É exatamente o que ocorre em *"Lear"*. O rei começa por se privar, por vontade própria, de seu reino, e depois, já contra a sua vontade, é privado de tudo o mais — seu séquito, seus trajes, sua sanidade.* E o tempo todo ao longo da peça, como se para espelhar o incansável niilismo da ação, Shakespeare também está despindo sua linguagem de embelezamentos e *"acréscimos"* até ser deixado, no fechamento, com as raízes expostas, o anglo-saxônico e monossilábico: "Sei quando alguém está morto e quando está vivo. / Ela está tão morta quanto a terra". Quanto ao último lamento desolado de Lear:

> Por que um cachorro, um cavalo, um rato têm vida,
> E tu não mais respiras? Tu não virás outra vez.
> Nunca, nunca, nunca, nunca, nunca.**

---

*O exercício do niilismo ecoa nos diálogos. No ato de abertura, a palavra repetida com mais freqüência é *"nada"*: *"Cordélia*: Nada, meu senhor! *Lear*: Nada? *Cordélia*: Nada. *Lear*: Nada virá do nada. Fale outra vez." Etc. O Bobo, a seguir, toma a palavra e a ridiculariza (p. 64).

***Why should a dog, a horse, a rat have life, / And thou no breath at all? Thou'lt come no more, / Never, never, never, never, never.*

Nessas circunstâncias lingüisticamente reduzidas, as duas sílabas de "*never*" ressoam como um grandioso recurso retórico.

"*Niilismo*" é uma palavra suave e restrita demais para "Rei Lear". Shakespeare está retratando um mundo irremediavelmente hobbesiano, e ele o explora em seu nível mais elementar, mais profundo e sombrio do que o complexo de Édipo, e muito além do princípio do prazer, como se os elos entre pais e filhos fossem mais primordiais do que a cena primordial — talvez porque, do modo como Shakespeare via a questão, ela reflete os laços entre o Criador e a sua criação. Não se trata de um nível que possa ser alcançado, apreendido ou exprimido com facilidade, e para se aproximar dele, Shakespeare despe sua linguagem de todos os "acréscimos", até que ela se torne, em si, um reflexo lingüístico do Dia do Juízo Final, "o fim prometido", uma "imagem desse horror" tão nua e cruel quanto o próprio Juízo Final.

As regras habituais não se aplicam a um gênio como Shakespeare, que podia arriscar qualquer coisa que quisesse e levá-la a cabo. Assim, quero dar um exemplo mais claro de como a mudança em nossa postura quanto à métrica e nossa consciência do ritmo interno podem mudar a maneira como lemos um poema.

Andrew Marvell e *sir* Thomas Wyatt fizeram traduções do segundo coro da tragédia "Thyestes", de Sêneca. Eis a versão de Marvell:

ESCUTANDO

> Climb at Court for me that will
> Tottering Favour's slipp'ry hill.
> All I seek is to lye still.
> Settled in some secret Nest
> In calm Leisure let me rest;
> And far off the public Stage
> Pass away my silent Age.
> Thus when without noise, unknown,
> I have liv'd out all my span,
> I shall dye without a groan,
> An old honest Country man.
> Who expos'd to others Eyes,
> Into his own Heart ne'r pry's,
> Death to him's a Strange surprise.*

Marvell era um famoso e talentoso classicista, e sua versão de Sêneca é, adequadamente, fluente e sonora. Ele também era um homem imensamente entediado, que saiu de Londres, afastando-se do tumulto de uma guerra civil, e passou a levar uma vida reclusa e pastoral em Nun Appleton House, bem no interior de Yorkshire, como preceptor da filha de

---

*Que outros galguem da Corte / As instáveis benesses desse topo escorregadio. / Tudo o que busco é deitar-me inerte. / Abrigado em algum ninho secreto / Em sereno repouso me deixem afinal; / E bem distante da cena pública / Passarei esses meus anos de silêncio. / Até que sem alarde, anônimo, / Tendo vivido todo o tempo que me cabe, / Morrerei sem um gemido, / Um velho e honesto homem do campo, / Aquele que expõe aos olhos alheios / Seu próprio coração até vê-lo devassado, / Para este, a morte chega como uma estranha surpresa.

seu patrono, o general Fairfax, enquanto Oliver Cromwell estava em plena ação, chacinando escoceses e irlandeses. Mas, o desprezo de Marvell pela política não durou muito; logo o designaram para um cargo público — juntou-se a seu amigo Milton como *latin secretary* do Conselho de Estado — e depois tornou-se membro do Parlamento, notório por seus ferozes panfletos e sátiras políticas, e por essas obras foi lembrado até que seus poemas líricos fossem redescobertos, quase três séculos depois. Na época, entretanto, ele estava decidido a abandonar o palco de disputas, e creio que é possível escutar isso nessa aconchegante visão de si mesmo: "Abrigado em algum ninho secreto / Em sereno repouso me deixem afinal... Um velho e honesto homem do campo." Sua tradução é um magistral exercício de técnica poética — os versos correm como se fossem seda entre seus dedos — mas o tom de sua voz é decididamente complacente.

Compare esta com a versão de Wyatt do mesmo poema:

> Stand who so list upon the Slipper top
> Of courts' estates, and let me hear rejoice;
> And use me quiet without let or stop,
> Unknown in court, that hath such brackish joys.
> In hidden place, so let my days forth pass,
> That when my years be done, withouten noise,
> I may die aged after the common trace.
> For him death grips the right hard by the crop

That is much known of others; and of himself, alas,
Doth die unknown, dazed with dreadful face.*

A tradução de Wyatt foi feita cerca de um século antes da de Marvell, e não é nem sonora nem acolhedora. Marvell e seus contemporâneos a teriam considerado uma barbaridade, e até mesmo os poetas elisabetanos, que prezavam Wyatt por tê-los apresentado a Petrarca e ao soneto, tinham dificuldade em ler seus poemas de modo a marcar-lhes a métrica, além de se sentirem incomodados pela rudeza de seu ritmo e de suas rimas. Preferiam os versos com métrica mais suave e docemente repicados de seu tedioso contemporâneo, o conde de Surrey.

De um ponto de vista moderno, entretanto, o desconforto é parte do poder e da afirmação da autoridade do poema. Diferentemente de Marvell, Wyatt não se encontrava fora da arena de disputas; pelo contrário, estava profundamente mergulhado no emaranhado da política da corte de Henrique VIII, e era de fato uma personalidade poderosa nesse meio — fora embaixador na Espanha, enviado especial

---

*Que lá permaneçam os que preferem o escorregadio topo / Das posições nas cortes, e me deixem saber de seu contentamento; / Que se acostumem a me ver quieto sem riqueza ou parada, / Desconhecido na corte, onde há tão amargos prazeres. / Num esconderijo, que meus dias futuros passem, / E quando meus anos se esgotarem, sem qualquer alarde, / Poderei morrer, idoso, tendo adotado uma vida sem destaques. / Aquele que a morte agarra com brusquidão pelo pescoço, / É o que se deixou conhecer demais pelos outros, enquanto de si mesmo, infelizmente, / Morre um desconhecido, assombrado com o tenebroso rosto.

à França, administrador de Calais, xerife em Kent, membro do Parlamento e vice-almirante eleito da Frota. Estar muito próximo do rei Henrique VIII era uma coisa arriscada — o próprio Wyatt foi encarcerado duas vezes por causa de falsas acusações — e, entre outras coisas, implicava assistir à morte de amigos. Ele esteve presente à execução de seu patrono, Thomas Cromwell, e dizem que assistiu, de um aposento acima dos portões da Torre de Londres, à decapitação de Ana Bolena e de vários de seus supostos amantes. O próprio Wyatt fora amante de Ana antes de seu casamento com o rei, e certamente teria sido levado ao patíbulo junto com ela, se não tivesse alertado o rei para o fato de que Ana não seria uma esposa adequada.

Levando-se tudo isso em conta, escutem outra vez como os dois poetas lidaram com os versos finais de Sêneca, sobre a morte e o autoconhecimento: *"illmors gravis incubat / qui notus nimis omnibus / ignotus moritur sibi"*: ("A morte desce pesada sobre o homem / que, conhecido demais pelo mundo, / morre desconhecido de si mesmo"). Na versão cadenciada de Marvell, esses versos são:

> Who expos'd to others Eyes,
> Into his own Heart ne'r pry's,
> Death to him's a Strange surprise.

É acurado e econômico, mas tão distanciado dos horrores da morte e dos últimos momentos, como também da austera métrica de Sêneca, que soa decididamente mitigado. Compare com a versão de Wyatt:

> For him death grips the right hard by the crop
> That is much known of others; and of himself, alas,
> Doth die unknown, dazed with dreadful face.

A feroz imageria fica ainda mais feroz pelo ritmo impactante e pela sibilante meia rima. Para Wyatt, a morte é uma brutal presença física que agarra a vítima pelo pescoço e enfia seu rosto junto ao dela. Daí a chocante ambigüidade da última frase — *"dazed with dreadful face"* — estará o moribundo atônito de tanta surpresa por estar despreparado ou atônito diante de tamanha violência? Estará o seu rosto tomado de medo, ou tenebroso, no caso, será o rosto de seu carrasco? "Infelizmente", de fato. O poema pode ter sido apenas mais uma tradução de um dos poetas favoritos do Renascimento e um dos mais traduzidos, mas Wyatt conhecia intimamente esse tema, então — assim como aconteceu em sua maravilhosa tradução livre do soneto de Petrarca "Whoso list to hunt" —, ele raptou o original e o recriou para seus próprios fins e em sua própria voz atormentada.

Não estou sugerindo que a versão de Wyatt é superior à de Marvell porque Wyatt, o cortesão, sabia do que estava falando, enquanto Marvell, ainda anos antes de começar uma carreira política, estava traduzindo Sêneca principalmente como um exercício literário. Na verdade, a diferença é a maneira como os dois poetas lêem o original e o filtram através da sensibilidade de cada um — para Wyatt, o poema é sobre os perigos mortais da fama e da política; para Marvell, é um cálido tributo ao anonimato e à reclusão rural — e as fontes dessa diferença têm menos a ver com episódios biográficos do que com presença literária, com o modo único como, parafraseando Barthes, o estilo de um escritor expressa seu caráter, sua história e até mesmo sua fisiologia. Quero dizer que estar presente na página importa muito mais do que estar presente em qualquer coisa que se esteja descrevendo.

O Novo Criticismo assumiu peremptoriamente que a separação entre o criador e a criatura era absoluta. Para ele, a "Falácia Intencional" — interpretar uma obra a partir da biografia do autor ou de suas características psicológicas — era um dos dois maiores crimes contra a literatura. (O outro era a "Falácia Afetiva" — interpretá-la subjetivamente em termos do seus efeitos misteriosos e imponderáveis nas emoções do leitor.) Meio século mais tarde, o compasso girou firmemente na direção oposta: hoje em dia é tão raro discutir-se uma obra de arte sem falar a respeito da vida do escritor que a própria literatura parece correr o risco de ser subjugada pela biografia. Para leitores preguiçosos, a biografia é um atalho, como uma maneira de se descobrir tudo que se precisa saber sobre um escritor sem se dar ao trabalho de percorrer diligentemente sua obra completa. Outros, mais sérios,

ESCUTANDO

ficam intrigados com o processo criativo e supõem que as pessoas que escrevem sejam tão fascinantes quanto a obra que produzem.

É lamentável, mas não há necessariamente uma ligação entre o mundo tão interessante que o escritor cria na mente do leitor e os fatos da vida do escritor, até porque escrever é uma profissão sedentária de classe média, que consome tempo demais para deixar oportunidades de sobra para se ter uma vida interessante. Alguns autores, como Joseph Conrad, tiveram vidas interessantes em sua juventude, e depois disso se aquietaram e escreveram sobre o que tinham vivido, mas a maioria de nós, como ostras, precisa apenas de minúsculas irritações para levar adiante sua existência.

Há também escritores para quem escrever é um feitiço contra a intolerável realidade, e, para esses, as diferenças entre os fatos vividos e as histórias imaginadas são muito maiores exatamente quando ambas são quase idênticas. Jean Rhys, por exemplo, tinha imaginação artística e nenhuma capacidade de invenção: não era capaz de criar situações nas quais ela própria não estivesse inserida, as pessoas em suas histórias eram pessoas que ela conhecia, e grande parte do que escreveu em seus diários ela reescreveu em seus romances. Mas, o estilo do seu texto — informal, embora purificado e austero — estava totalmente em desacordo com a vida interessante mas desesperada à qual tinha sido condenada.

A VOZ DO ESCRITOR

Na época em que começou a escrever, Rhys estava na faixa dos trinta anos e já havia sido corista, manequim, amante de um homem rico e prostituta ocasional. Também já se tornara alcoólatra e a bebida a transformava em um monstro — violenta, vingativa, obscena, manipuladora e absolutamente indiferente a maridos, amantes, crianças e amigos. Como Rhys, as heroínas da maioria dos seus romances estão em missão suicida de beber até morrer, mas ela redime suas existências esquálidas transformando-as em arte refinada, destilando-as em uma prosa pura e delicada, e narrando suas histórias em um tom de voz que soa natural, límpido, desprendido e desiludido. É assim, por exemplo, em *Good Morning, Midnight*, que ela descreve a morte de seu filho de três semanas em um hospital para pobres em Paris:

> Não posso alimentar esse bebê infeliz. Já o levaram e lhe deram leite Nestlé. Assim, posso dormir...

> No dia seguinte, (a parteira) vem e me diz:
> — Agora, vou dar um jeito para você ficar exatamente como era antes. Não haverá vestígios, cicatrizes, nada.
> Isso, parece, seria a sua solução.
> Ela me envolve em ataduras muito apertadas, muito desconfortáveis. De um jeito complicado, ela as enrola e amarra. Ela me dá a entender que este procedimento é um extra. Cobra um bocado por isso.
> — Faço isso melhor do que qualquer outra em toda Paris — ela diz. — Melhor do que qualquer médico, melhor do

que qualquer uma dessas pessoas que fazem anúncios, melhor do que qualquer pessoa em toda Paris.

E lá fico eu deitada com essas malditas bandagens durante uma semana. E lá fica ele deitado, também todo enfaixado, como uma pequena múmia. E nunca chora. Mas agora eu gosto de segurá-lo em meus braços e de olhar bem para ele. Uma testa adorável, incrivelmente pálida, as sobrancelhas levemente delineadas numa sombra dourada...

Bem, foi um tempo divertido. (A grande taça de café pela manhã, com uma estampa de flores vermelhas e azuis. Eu estava sempre com tanta sede.) Mas preocupada, preocupada... Um bebê tem de ser tão lindo quanto este, tão pálido quanto este, tão silencioso quanto este? Os outros bebês choram dia e noite. Preocupada...

Quando reclamo das bandagens, ela diz:

— Prometo que, quando tirá-las, você vai estar exatamente como era antes.

E é verdade. Quando as retira, não há sequer um risco, nem uma prega, nem uma marca.

E cinco semanas depois, lá estou eu, sem um risco, sem uma prega, sem uma marca.

E lá está ele, deitado, com uma etiqueta amarrada em seu pulso porque morreu no hospital. E lá estou eu, olhando para ele, sem um risco, sem uma prega, sem uma marca...

No romance, a vaidade da mãe e o modo como a parteira a manipula fazem parte de uma terrível ironia. A realidade, como descreveu Carole Angier em sua biografia de Rhys, foi tão terrível quanto esta cena, mas, no todo, ainda mais degradante. O bebê morreu por causa da extrema incompetência de Rhys e de sua ainda mais extrema indiferença. Ela o havia deixado em seu pequeno leito junto a uma janela aberta, num dia gélido, em pleno mês de janeiro, e ele pegou uma pneumonia; os pais ainda esperaram algum tempo antes de chamarem uma mulher mais experiente, que, por sua vez, chamou um médico; enquanto o bebê agonizava no Hospice des Enfants Assistés, Rhys e seu marido incapaz tomavam uma espantosa bebedeira de champanhe, tentando fingir que a tragédia não estava acontecendo.

A voz nesse romance é a da mulher que Rhys poderia desejar ter sido se a bebida, a penúria e as frustrações não a tivessem destruído. E isso, creio eu, é a motivação por trás de todo o seu trabalho; ela cuidava de seus textos tão meticulosamente quanto cuidava de sua aparência, destilando e remodelando episódios para fazer com que parecessem inevitáveis, na esperança de que sua prosa contida e delicada pudesse redimir sua vida vergonhosa e transformá-la em algo belo. "Tudo o que importa sobre um escritor está em seu livro, ou em seus livros", ela escreveu certa ocasião. "É idiotice ter curiosidade a respeito da pessoa em si". Não há dúvida de que Carole Angier estava certa quando disse que Rhys se recusou a autorizar a biografia porque "tinha muito a esconder". Mas Rhys a viu como veria qualquer biografia, por mais solidária e escrupulosa que fosse, como uma traição a tudo que ela transformara em sua arte.

"Nunca queremos que os fatos entrem em choque com a verdade", declarou o romancista Robert Stone, cuja juventude foi quase tão aventureira quanto a de Conrad e um bocado mais desregrada. "É por isso que a ficção dá mais satisfação do que a não-ficção". Ou seja, mentir faz parte do ofício criativo dos escritores: eles pegam o que sabem, distorcem como lhes convém, depois culpam a imaginação pelo resultado. Mas a única área em que o autêntico escritor nunca mente é na própria arte de escrever, o trabalho árduo, doloroso e implacável — a expressão de Beckett para isso era "dor nos bagos" — de pôr palavras no papel com precisão e contenção. Como já sugeri no primeiro capítulo, é um ofício, como o de carpinteiro ou de pedreiro, que tem muito pouco a ver com a personalidade pública do escritor ou mesmo com a sua imagem particular que ele tem de si mesmo. Tem a ver com "aquilo", o trabalho impessoal em si, cujas rigorosas exigências tentamos satisfazer por nenhuma outra razão além do prazer duvidoso de fazê-lo da melhor maneira possível.

Jean Rhys era tão obcecada por fazer da melhor maneira possível, que escrevia e reescrevia seus romances vezes e vezes seguidas, sem aceitar mandá-los para o editor com a mínima falha neles, talvez acreditando que só produzindo algo impecável ela poderia justificar aquilo que não tinha outra maneira de justificar: o tumulto em que transformara sua vida. Mas o estilo de perfeição que ela perseguia pertence à poesia e não é conseguido com facilidade no "monstro flácido e barrigudo" que é um romance. Como já afirmei, um dos prazeres de se escrever um poema é que pelo menos você

A VOZ DO ESCRITOR

sabe quando o deixou sem falhas — ou o melhor que pode fazê-lo — já que, mesmo no verso livre, um poema não está terminado até que cada palavra esteja no seu devido lugar. Mas, paradoxalmente, essa concentração, em que todas as palavras suportam seu próprio peso e têm sua ressonância própria, cria em si mesma um tipo especial e próprio de liberdade. Considere, por exemplo, a abertura de Robert Lovelace em sua obra-prima de quinze linhas "La Bella Bona Roba":

> Não posso dizer quem ama o esqueleto
> De um pobre sagüi, nada além de ossos, ossos.
> Dêem-me uma nudez com suas roupas vestidas.
>
> Cujo branco cetim do sobretudo de pele,
> Cobrindo aveludado e intenso encarnado,
> Tenha ainda um corpo e carne em seu interior...*

Lovelace era um poeta encantador, refinado e aristocrático, um alto graduado da escola de John Donne, e o poema é um conceito metafísico tipicamente elaborado — ou melhor, um conceito acerca de um conceito. "Bona Roba" era uma gíria para prostituta, e o conceito de Lovelace pretendia tomar a

---

*I cannot tell who loves the skeleton / Of a poor marmoset, naught but bone, bone. / Give me a nakedness with her clothes on.

Such whose white satin upper coat of skin, / Cut upon velvet, rich incarnadin, / Hath yet a body and of flesh within...

imagem literalmente: uma prostituta pode vestir belas roupas, mas o traje verdadeiramente belo é seu próprio corpo farto, o pálido cetim de sua pele sobre o vermelho aveludado de sua carne. O que ele está dizendo é muito simples — gosta de mulheres gordas —, mas a maneira de dizê-lo faz com que seus argumentos não soem tão casuais ou carnais quanto aparentam. Ele gosta de mulheres gordas porque com mulheres magras — "sagüis", macacos pequenos, mas também uma expressão de afeto — pode sentir o esqueleto por baixo da pele, e isso lhe recorda sua própria mortalidade. No século XVII, quando morrer tinha a mesma conotação erótica que "gozar" tem agora, não havia nada incomum em confundir sexo e morte, mas na corte do rei Charles, pode ter sido uma transgressão ao código de cavalheirismo o fato de se admitir o sentimento de desconforto em relação a isso. Assim, Lovelace escreve uma cínica variação sobre o tema e se protege deixando seu desconforto surgir apenas pelas bordas, como acontece aqui, jogando com variações perturbadoras nos pentâmetros iâmbicos regulares e na rima simples: ele começa ruminativo, ameaçador, e aumenta a sensação de ameaça pela repetição dessa rima que não é perfeita — *skeleton/bone, bone* —, depois restringe a si mesmo com uma ordem cortante e uma rima displicente: "Give me a nakedness with her clothes on". O resultado é um mundo inteiro de perturbação inserido em três versos brilhantes por pouco mais do que variações sutis no tom de voz e na velocidade de enunciação.

A VOZ DO ESCRITOR

A morte do bebê em *Good Morning, Midnight* também comprime grande ambigüidade num espaço relativamente pequeno e se apóia quase inteiramente em tom e velocidade, mas Rhys cria sua poesia particular sem a rede de segurança de uma forma poética. O trecho, é claro, não é poético à maneira da Grand Opera do "escrever refinado" e da "prosa rica". Pelo contrário, o tom de voz é coloquial e bastante regular, e Rhys está literalmente tocando de ouvido. Ela repete frases simples até que adquiram, no conjunto, uma ressonância sombria — "sem um risco, sem uma prega, sem uma marca..." começa acolhedor e um pouco jactancioso, e termina como uma denúncia —, e ela varia a altura e a velocidade, largando casualmente comentários e fragmentos da narrativa linear — "Bem, foi um tempo divertido", "Os outros bebês choram dia e noite" — em contraposição à ansiedade sempre crescente, intimista, cada vez mais recolhida — "preocupada, preocupada". A genialidde de Rhys neste trecho de obra foi descrever um sofrimento extremo sem sequer mencioná-lo, transformá-lo numa espécie de taquigrafia — econômica, precisa, irônica, "sem um risco, sem uma prega, sem uma marca..." e também sem qualquer vestígio de autopiedade. Hulme chamou a prosa de "um museu onde todas as velhas armas da poesia [são] mantidas". Mas não neste caso.

"Não tenho imaginação", confessou Isaac Babel ao seu amigo Konstantin Paustovsky. "Não sei inventar. Tenho de saber tudo, até o menor detalhe. Do contrário, não consigo escrever coisa alguma. Meu *motto* é a autenticidade". Creio que o que ele queria dizer com "autenticidade" não era a verdade dos fatos, mas a verdade que a sua imaginação dava aos fatos no processo de recriá-los em sua própria voz.

Talvez isto seja apenas uma variação indireta do velho truísmo segundo o qual os artistas mentem, mas sua arte, não. Como disse Lawrence, "nunca confie no artista, confie na história". Às vezes, mentiras despudoradas são justamente o que você, como leitor, deseja — uma fantasia esplendorosa para distraí-lo numa longa viagem de avião ou numa noite insone. Mas fantasias esplendorosas são como filmes de ação com elenco criado por computação — fantasias radicais em prosa pesada que você pode ler na diagonal, buscando apenas o sentido geral, sempre pulando os trechos mais descritivos e os floreados retóricos. Autenticidade é algo totalmente diferente e, como eu já disse, não se pode lê-la superficialmente porque ela se revela em detalhes que os olhos não captam com facilidade — em alguma hesitação inesperada ou num advérbio sagaz, numa inflexão quase inaudível que faz você se endireitar na cadeira e prestar atenção. São esses os pequenos gestos com os quais os escritores anunciam sua presença e, diferentemente de crianças bem-comportadas, precisam ser ouvidos, e não vistos. A verdade está na voz, e somente sintonizando-a você saberá se está ou não sendo manipulado.

CAPÍTULO 3   O culto da personalidade e o mito do artista

Não pense que você pode exorcizar o que oprime a sua vida dando-lhe vazão sob a forma de arte.

— FLAUBERT

Todo o sofrimento deste século adveio da tentativa de se transformar a vida em arte.
Pense nisso.

— ROBERTO STONE

i

Até agora, falei de dois dos três R's*: em relação ao escritor, sobre sua busca paciente e exigente por uma voz própria e específica, e em relação ao leitor, sobre sua obrigação igual-

---

*Um R seria o *writer* (pronuncia-se *raiter*), o escritor; o outro seria o leitor, *reader*. (N. do T.)

mente exigente de escutar enquanto lê. Tanto escrever quanto ler, do modo intenso como as descrevi, são experiências particulares, intimistas, que ocorrem, assim como o pensamento, em silêncio. Para se escrever um poema ou mesmo uma frase autêntica, e para que se possa escutá-la de modo adequado, é necessário lê-la em voz alta, embora silenciosamente, na cabeça. Mas depois que o poema ou o texto em prosa está concluído, é lançado no mundo para encontrar seu público. E é aí que o terceiro R entra em cena — a aritmética de vendas e toda a parafernália* que gera com o objetivo de fazer do escritor uma personalidade vendável —, e seus efeitos, nas últimas décadas, têm se tornado cada vez mais perturbadores.

Há também um quarto R na equação, o romantismo e seu legado, e para descrever seus efeitos, quero começar com um fragmento parcial e resumido de história da literatura. O romantismo foi uma súbita e violenta explosão de emoções, entusiasmo e introspecção que irrompeu na segunda metade do século XVIII, destruindo a crença clássica na ordem, na razão, na simetria e na serenidade, e abrindo caminho para o culto da personalidade ao redefinir o conceito de gênio. Gênio, no sentido atual, como está definido no *Oxford English Dictionary* — "instintiva e extraordinária capacidade para imaginação criativa, pensamento original, invenção e descoberta" — é uma inovação do final do século XVIII e não está no dicionário do dr. Johnson. Alexander Pope pode receber todo o reconhecimento como o mais talentoso poeta Augusto

---

*O autor usou o termo *razzmatazz*. (N. do T.)

O CULTO DA PERSONALIDADE E O MITO DO ARTISTA

— do período neoclássico inglês —, mas ele era admirado, acima de tudo, pelo brilhantismo com que refinou e aperfeiçoou as formas clássicas, e seus patronos o consideravam, assim como Esterházys considerava Haydn, pouco mais do que um servo muito prezado. Embora Pope fosse suscetível, vingativo e nem um pouco famoso por sua modéstia, ele acreditava, como todos os Augustos, que "o que quer que já exista, está certo", incluindo a maneira como a sociedade estava organizada; quando conversava a respeito do Mundo (geralmente com a inicial maiúscula), ele se referia ao *beau monde* que usava espartilho e peruca, e aceitava o lugar que ocupava nele. Para românticos como Shelley, o mundo significava uma natureza não-domesticada com uma sensibilidade palpitante em seu centro, e os poetas eram "legisladores não-reconhecidos", cuja liberdade artística fazia parte do movimento político mais amplo que visava à liberdade, à igualdade e à fraternidade, e que então fazia a sociedade estremecer. Assim como a Revolução Francesa, o romantismo se baseava na idéia de liberdade — a liberdade de sentir, de reagir e de criar de um modo pessoal e imprevisível — e isso evoluía uma profunda mudança de foco —, distanciando-se das certezas estabelecidas dos Augustos e seguido em direção à experiência subjetiva. O gênio, como hoje o compreendemos, é um conceito inteiramente romântico: não só um grande artista, mas um grande artista que embarcou numa jornada interior e faz suas próprias regras à medida que avança — Beethoven em vez de Haydn, Rousseau em vez do dr. Johnson, Rimbaud em vez de Pope.

Esse fervor revolucionário disseminado durante o século XIX, juntamente com a energia criativa e a inovação técnica que inspirou, até a sensação de Wordsworth de que "a bênção naquele alvorecer era estar vivo", expresso no que ele denominou "a verdadeira linguagem dos homens em estado de vívida sensação", degenerou na melifluidade vazia e na hipocrisia vitoriana. Foi esta última, acima de tudo, a implacável superioridade moral de seus antecessores que mais exasperou a nova geração de escritores na virada do século. Daí o ressentido comentário de George Moore sobre a última estrofe do em tudo o mais inocente e, em sua essência, muito bonito poema lírico de Tennyson:

> Ó, amor, eles morrem num longínquo e profundo céu,
> Eles desfalecem em colinas ou campos ou rios,
> Nossos ecos passam de uma alma a outra
> E crescem para sempre e sempre.*

"Os vitorianos nunca poderiam se conformar em terminar um poema sem falar a respeito da alma, e os versos são particularmente vingativos."[1]

No auge experimentalista do movimento modernista, nas primeiras décadas do século XX, pessoas "avançadas" do meio literário formaram a convicção de que o romantismo morrera e que suas experiências não só o estavam enterrando, mas

---

**O love, they die in yon rich sky, / They faint on hill or field or river; / Our echoes roll from soul to soul, / And grow forever and forever.*

O CULTO DA PERSONALIDADE E O MITO DO ARTISTA

também inaugurando um novo período de classicismo. O brilhante ensaio de T. E. Hulme sobre o tema tornou-se um dos textos-chave do modernismo e influenciou T. S. Eliot tão profundamente que, como já mencionei, ele chamava Hulme de "precursor de uma nova maneira de pensar, que deveria ser chamada de o modo de pensar do século XX". Hulme desdenhava do romantismo tachando-o de "restos de religião",* porque ele tanto ansiava pelo infinito como chafurdava em emoção, desconfiava do intelecto e dava atenção meramente superficial aos detalhes. O classicismo era o oposto de tudo isso: envolvia, entre outras coisas, impessoalidade, inteligência, lucidez, controle. Em outras palavras, o modernismo era uma reação irritada à autocomplacência e à displicência do romantismo; os artistas eram empanturrados de *vinho e rosas*, além de atmosfera; era chegada a hora de um estilo, em seu conjunto, mais vigoroso e severo.

Para se ter uma idéia precisa de como eram mais poderosas e razoáveis suas objeções, cabe comparar um poema, digamos, de Swinburne — repleto de cor verbal e excitação rítmica, mas com pouco a dizer e vago em relação ao modo como as peças se encaixam — com o estilo deliberadamente fragmentado e sugestivo de *The Waste Land*, no qual muita coisa fica apenas implícita e bem pouco é afirmado diretamente. E ficam ainda mais poderosas se compararmos a poesia de Swinburne com as notas de Eliot em *The Waste Land*, que era onde residia a verdadeira polêmica. Elas sugeriam que os lei-

---

*"spilt religion". (N. do T.)

tores da obra deveriam ter lido não só os clássicos em diversos idiomas, mas também livros que não tenham ligação óbvia com a poesia, como *Golden Bough*, de Frazer, *Appearance and Reality*, de F. H. Bradley, *From Ritual to Romance*, de Jesse Weston, e o *Manual dos Pássaros do Leste da América do Norte*; os leitores deveriam ser capazes de compreender referências, acompanhar uma argumentação e ultrapassar brechas semânticas. (Pessoalmente, acredito que as notas eram uma cortina de fumaça; se lermos o próprio poema, teremos uma impressão radicalmente diferente: a de um preciso, delicado e não particularmente defensável retrato de homem em meio a um colapso nervoso; as notas eram uma maneira de confundir o tema.)

Ao inserir notas de rodapé em *The Waste Land*, Eliot não estava simplesmente encompridando um poema relativamente curto para transformá-lo em algo que poderia ser publicado como um livro; estava também definindo seu público. Assim como Donne, cuja reputação ele tanto se esforçou para resgatar depois de quase três séculos de esquecimento, Eliot estava escrevendo para aqueles que os elisabetanos chamavam de "entendidos", um seleto grupo de pessoas com uma formação cultural tão ampla e com tanta capacidade intelectual quanto ele próprio, que era capaz de captar as alusões, fazer as ligações e entender a argumentação sem que se precisasse explicá-las. Até mesmo o dr. Johnson, que não apreciava a metafísica, admitiu: "Para escrever nesse plano deles era necessário pelo menos ler e pensar". Eliot parafraseou em termos do século XX: "Para Donne, pensar era uma experiência, modificava a sua sensibilidade". Mais tarde, quando a aversão do romantismo a pensar parecia ter sido descartada, ele resumiu sua posição de modo mais rude, num comentário descuidado *à propos* da inepta discussão de um filósofo sobre o "método" de Aristóteles: "O único método", ele disse, aborrecido e entre parênteses, " é ser muito inteligente".

O romantismo levou muito tempo para morrer nas universidades, o que não chega a surpreender, considerando que, em Oxford, quando eu estudei ali cerca de meio século atrás, o estudo do inglês parava por volta de 1830; tudo que ocorreu depois dessa data era considerado moderno e, portanto, não merecia a atenção dos estudiosos. Naquele tempo, os departamentos de inglês eram pequenos e geralmente menosprezados pelas outras faculdades. O inglês era como a geografia e a silvicultura, uma matéria que se lia quando não se estava às voltas com uma disciplina mais séria, como os clássicos, a matemática ou a ciência. Por mais estranho que possa parecer, a faculdade de inglês pensava do mesmo modo e, em nome do rigor intelectual, nos obrigava a gastar um terço do nosso tempo — e três dos nove trabalhos de fim de curso — estudando inglês antigo, inglês medieval e filologia moderna. No entender de Oxford, filologia e erudição eram as únicas maneiras pelas quais essa matéria desvalorizada no mercado poderia adquirir algum prestígio acadêmico.

O Novo Criticismo era, entre outras coisas, uma reação à esnobe convicção de que o estudo da literatura era uma opção fácil. Desenvolveu-se em reação ao modernismo e ao que Yeats chamava de "fascinação pelo que é difícil", propagou-se em revistas trimestrais elitizadas e se baseava na crença de que ser sensível à literatura não seria necessariamente a mesma coisa que ser inteligente. "Nossa política", escreveram os editores da *Partisan Review*, William Phillips e Philip Rahv, "tem sido a de resistir à crescente divisão, na cultura moderna, entre a sensibilidade da arte e a inteligência mais racional, que foi exilada para o pensamento sobre temas sociais e filosóficos".[2] Em outras palavras, era possível se emocionar com um poema e depois pensar a respeito dos motivos dessa emoção, e apresentar as razões para tanto, em vez de apenas jogar as mãos para o alto de tanto deslumbramento, como os críticos impressionistas faziam, e então tentar roubar a cena do que foi lido com sua prosa vistosa. William Empson disse isso de maneira mais eloqüente: "Críticos, assim como 'cachorros que latem' ... são de dois tipos: aqueles que simplesmente se aliviam sobre o canteiro de flores da beleza e os que depois ainda se coçam".[3] Repetindo esse "depois": primeiramente a pessoa reage, depois apresenta suas razões para aquela reação, analisando o que a fez reagir.

Foi um período de intensa energia intelectual e de otimismo, mesmo na Inglaterra, onde os neo-românticos, liderados por Dylan Thomas, ganhavam cada vez mais espaço, e havia a desconfiança de que o modernismo fosse um complô estrangeiro — de americanos, irlandeses e europeus — para solapar a cultura britânica. Durante um período da década de 1950, quando as grandes peças de Beckett — *Waiting for Godot*, *Endgame*, *Krapp's Last Tape* — e poemas como "The Quaker Graveyard in Nantucket", de Robert Lowell, e "Homage to

O CULTO DA PERSONALIDADE E O MITO DO ARTISTA

Mistress Bradstreet", de Berryman, surgiram, o modernismo e o alto padrão intelectual que Eliot tinha em mente quando falava acerca de classicismo pareciam prestes a prevalecer, e a crítica, avançando um passo para poder defrontar-se com eles, tornou-se uma atividade prezada, árdua e respeitável. Como um dos objetivos do Novo Criticismo era distinguir entre escrever bem e escrever mal, o estilo tinha grande importância para eles, e escreviam com bastante estilo, elevando assim os padrões do discurso literário, mesmo nas revistas semanais.

Não demorou, e não só por razões literárias, para que escritores e críticos mostrassem ter mais coisas em comum com o mundo da moda do que com o da ciência. As reputações de cientistas sobrevivem porque a ciência se desenvolve passo a passo, cada avanço baseado no anterior; assim, para se entender, digamos, a física moderna, um estudante precisa conhecer Newton e Einstein. O mesmo não acontece na literatura, na qual um conjunto de normas estilísticas simplesmente sucede a algum outro. A tendência é rotular as escolas literárias de acordo com as décadas — a dos anos 1930 era política, a dos anos 1950, conformista, a da década de 1960, rebelde, e assim por diante —, e os estilos de crítica têm vida útil ainda mais curta. De acordo com Frank Kermode, as figuras predominantes nos meus tempos de estudante — I. A. Richards, William Empson, R. P. Blackmur, F. R. Leavis, Northrop Frye, Cleanth Brooks — não aparecem mais em nenhuma das listas de leitura dos universitários de hoje, e nem mesmo o grande teórico Kenneth Burke perdurou quando a teoria entrou na moda.

Há uma certa justiça natural nisso, já que os críticos — especialmente aqueles que têm estudantes em suas garras — às vezes se superestimam. O pecado dos Novos Críticos foi tratar os escritores como cidadãos de segunda classe, cuja função era simplesmente fornecer matéria-prima à qual os críticos depois conferiam dignidade atribuindo-lhe significado e relevância. Ou seja, eles se comportavam como se o ensaio crítico fosse uma obra de arte equivalente, se não superior, à obra que o provocava. Por essa *hybris*, eles foram duramente punidos com o esquecimento. E isto é uma pena, porque seus ocasionais delírios de grandeza se baseavam numa crença apaixonada de que a boa escrita realmente era importante, não só em si mesma, mas para a vida que levamos. Como Matthew Arnold, eles acreditavam que a cultura tomara o lugar da religião e da política na batalha contra a anarquia, que as qualidades inerentes à grande literatura — *"sweetness and light"*, como Arnold as denominava, uma harmoniosa combinação de beleza e esclarecimento que a certa altura foi o selo de qualidade da cultura — eram em si uma fonte de moralidade independente de quem a praticava, um bem que seria servido imparcialmente, assim como alguém poderia dedicar sua vida a Deus. No começo, fez-se a palavra.

ii

Em nenhum outro lugar a crença na palavra foi mais forte do que entre os escritores que estavam atrás da cortina de ferro, que se recusaram a seguir a linha do partido durante as quatro décadas anteriores a 1989. A idéia em si não era novidade na Europa Central. No romance *Se um viajante numa noite de inverno*, de Ítalo Calvino, Arkadian Porphyrich, diretor-geral dos arquivos da polícia federal do país chamado Ircânia, tem a dizer o seguinte:

> Nos dias de hoje, ninguém dá tanto valor à palavra escrita quanto a polícia... Que estatísticas seriam melhores para permitir a alguém identificar os países onde a literatura goza de verdadeira consideração, do que os registros destinados a controlá-la e suprimi-la? Nos lugares onde se torna objeto de tamanha atenção, a literatura ganha uma extraordinária autoridade, inconcebível em países onde lhe é permitido vegetar como um passatempo inócuo, sem maiores riscos.[4]

Por quase dois séculos, a literatura de países como a Polônia, a Tchecoslováquia e a Hungria, sempre espremidos entre potências hostis que os dominavam e acostumados a alguma forma de dominação, foi o alvo desse duvidoso apreço oficial. Nessas circunstâncias, deixava de ser uma atividade marginal, entretenimento, e se tornava uma criptopolítica. Cento e cinqüenta anos atrás, por exemplo, o poeta Sándor Petofi era uma figura-chave na vida política húngara por duas razões igualmente impositivas: por ter desempenhado um papel importante na guerra de independência de 1848 e morrido em batalha, e porque, num país onde a língua oficial do Parlamento e das leis era o latim, e a corte dos Habsburgo falava o alemão, ele foi o primeiro poeta importante a usar o vernáculo. Segundo George Lukács, o poema de Pétofi "John the Hero" era duplamente importante em sua época: foi escrito na língua nativa e, pela primeira vez na literatura húngara, foi também uma obra em que um herói de fala magiar era um camponês com ideais nacionalistas, e não um nobre. Juntos, esses dois elementos se somavam compondo um ato político revolucionário. Para os húngaros, Pétofi é reverenciado tanto como um poeta maior quanto como um herói nacional. O grupo de discussão no qual a revolução anti-soviética de 1956 nasceu era chamado de Clube Pétofi. Do mesmo modo, na Polônia existe uma tradição antiga e reverenciada do que chamam de *"Linguagem esopiana"* — discussão política disfarçada de obras da imaginação. "Todas as discussões políticas ocorreram em romances e poemas. Não havia políticos, mas havia escritores", disse Zdzislaw Najder, um literato acadêmico, estudioso de Conrad e no passado exilado político que acabou retornando ao seu país para se tornar conselheiro político do presidente do governo polonês pós-comunista.[5] Borges, que vivenciou algumas dessas mesmas pressões, descreveu a questão de maneira ainda mais sucinta: "A censura é a mãe da metáfora".

Assim, quando o predomínio comunista se impôs no Leste Europeu em 1948, os escritores, depois de sua curta lua-de-mel democrática entre as duas guerras mundiais, se viram atirados de volta a uma situação que, melancolicamente, conheciam bem até demais. Mas, dessa vez, superou-se tudo o que fora vivenciado até então. Até os poetas mais reservados, sem qualquer interesse por política, se viram politizados a contragosto, já que escrever sobre o mundo particular sem fazer referência aos cânones do realismo socialista era, tanto por decreto quanto por definição, uma atividade subversiva. Ou seja, acabaram se tornando o que os poetas nesses países sempre foram: uma oposição clandestina, testemunhas de acusação, divulgando denúncias. No entanto, o que estava em questão agora não era o velho jogo da política se disfarçando de poesia, a continuação da política sob outras formas, mas algo muito mais importante: a sobrevivência dos valores humanos comuns — sanidade, decência, respeito próprio — num mar de corrupção e hipocrisia. O poema "The Envoy of Mr. Cogito", do grande poeta polonês Zbigniew Herbert, era mais do que uma recusa a aceitar passivamente essa situação; era também uma recusa a aceitar as mentiras e os compromissos que garantiam uma vida boa na Polônia comunista:

Mantenham-se de pé em meio àqueles que se ajoelham
Em meio àqueles que voltam as costas e que rastejam na poeira

Vocês foram salvos, mas não para viver
Vocês têm pouco tempo para dar seu testemunho

Sejam corajosos quando o espírito os desencoraja
No momento final, só isso importa

Na Polônia, a autoridade de Herbert como poeta era tanto moral quanto estética, e esse não é um papel ao qual os escritores ocidentais estejam acostumados. Provavelmente, Milton foi o último poeta inglês com esse nível de prestígio ético, e quando Shelley chamou os poetas de "legisladores não-reconhecidos", ele estava se permitindo expressar aquilo que desejava que fosse real.

Para os escritores dissidentes, a integridade de um autor poderia ser julgada pelo tom de sua voz, pela postura de sua linguagem. Como George Orwell, eles acreditavam que "o maior inimigo da linguagem clara é a falta de sinceridade",[6] e a linguagem da falta de sinceridade é o clichê — as frases desgastadas e as metáforas mortas que nos vêm automaticamente, sem pensar, sem qualquer contribuição pessoal do escritor. Orwell, a respeito de formulações vazias como essas, diz que "se o pensamento corrompe a linguagem, a linguagem também pode corromper o pensamento". O que ele quer dizer é que o estilo define a inteligência assim como a sensibilidade, a maneira como uma pessoa escreve mostra como ela pensa.

O romancista tcheco Ivan Klíma tem outro nome para o clichê; ele o chamava de "jerkish"*. Segundo Philip Roth, que entrevistou Klíma em Praga, em 1990:

> "Jerkish" é o nome da linguagem desenvolvida nos Estados Unidos, alguns anos atrás, para a comunicação entre seres humanos e chimpanzés; é formada por 225 palavras, e o herói de Klíma prevê que, depois do que aconteceu com seu pró-

---

*"Jerk" poderia ser tanto um movimento espasmódico, involuntário, quanto um indivíduo estúpido. (N. do T.)

prio idioma sob a dominação comunista, não demoraria muito para que o jerkish fosse falado por toda a humanidade. "Durante o desjejum", declara este escritor que o Estado não permite que seja publicado, "vou ler um poema no jornal, de um autor importante, escrito em jerkish". As quatro pequenas quadras banais são citadas mais uma vez. "Para esse poema de 69 palavras, incluído aí o título, o autor precisa apenas de 37 termos em jerkish e absolutamente nenhuma idéia... Qualquer pessoa com energia suficiente para ler o poema atentamente vai perceber que, para um poeta jerkish até mesmo um vocabulário de 225 palavras é desnecessariamente grande".[7]

Klíma se referia à época em que os stalinistas ditavam as normas culturais e, dessa perspectiva sombria, "jerkish" era o mundo perfeito — cheio de jargões e desdém, e americanizado. E como a linguagem, por trás da cortina de ferro, era a principal arma na luta contra o que o poeta tcheco Miroslav Holub chamava de "estupidez codificada", estilo e moralismo estavam inextricavelmente entrelaçados; a maneira como a pessoa escrevia refletia a maneira como se comportava, e também como pensava.

"Autenticidade", dizia Holub, "viver o dia-a-dia da autenticidade, o mais simples e direto discurso humano, e as situações humanas mais comuns desses anos não eram apenas poeticamente viáveis, mas também o mais expressivo dos argumentos... [na] velha luta da inteligência contra a estupidez codificada".[8] Notem que ele não está falando apenas sobre repressão, embora a repressão e a censura fizessem parte — talvez a parte que codifica — do ambiente de estupidez. Igualmente difícil de se enfrentar era a estupidez em seu sentido mais comum — a embotada, arrogante e crassa venalidade dos *apparatchiks* e o sentimentalismo do estilo oficial, o realismo socialista. Para Holub, autenticidade significava escrever poemas sobre a vida cotidiana, mas de modo informal e sem histeria, porque, num mundo de *agitprop* e hipocrisia política, eram os valores privados e a vida privada, mesmo infeliz, que mantinham a sanidade das pessoas, e era trabalho do poeta lembrar a seus leitores que eram parte da humanidade e de seus problemas.

De modo semelhante, Zbigniew Herbert reagiu ao filistinismo dos comissários culturais com ironia, perspicácia e desdém intelectual — em outras palavras, escrevendo bem. Sua linguagem ordenada e transparente fez com que ele parecesse razoável numa época extremamente irrazoável e lhe conferiu uma autoridade que os elisabetanos ou Milton chamariam de "nobre". "Nobre" é uma palavra que há muito saiu de moda no Ocidente, mas se aplica naturalmente a poetas como Herbert e Holub, sem um resquício sequer de afetação ou de vaidade. São nobres porque, ao seu modo contido, eles se apegaram ao que os antigos gregos e romanos, que Herbert amava, chamavam de "virtude" — coragem, critérios morais, probidade intelectual e bom comportamento. E faziam isso não por moralismo, mas pela contenção e pureza de seu estilo.

iii

Herbert se considerava um classicista como Eliot, cujo trabalho reverenciava. Mas o classicismo era um ideal frágil num país que era, nas palavras de Sylvia Plath, "Esmagado pelo rolo compressor / De guerras, guerras, guerras", e a história não estava do seu lado. Ao longo do último século, cada avanço mais esclarecido — na ciência, na tecnologia, na justiça social, na eliminação da pobreza e do preconceito — era contrabalançado por loucas irrupções de irracionalidade e barbárie — guerras mundiais, genocídio, a ameaça de um holocausto nuclear, totalitarismo endêmico — simbolizadas mais nítida e brutalmente por uma peculiar inovação do século XX, os campos de concentração, onde a tecnologia era usada para instalar fábricas destinadas a uma eficiente produção de cadáveres. Diante de tamanha devastação, ficou cada vez mais difícil acreditar na supremacia da ordem e na afável razão.

A Guerra Fria também foi um período ruim para os escritores do nosso lado da cortina de ferro, embora nas democracias ocidentais, onde tudo acontece nas artes e ninguém dá a menor importância, fosse mais difícil localizar a sensação de tensão. Romancistas americanos como Joan Didion, Robert Stone e Don DeLillo, que ficaram conhecidos no final dos anos 1960 e início dos anos 1970, reagiram ao desconforto geral com uma paranóia subliminar mas endêmica. A palavra de Didion para isso foi "terror", com a qual queria designar uma inquietação intensa que invade e subverte todos os aspectos do até então hedonista e bem estabelecido mundo ao seu redor. Para Stone, a paranóia é mais crua, mais próxima, mais premente, e parece mais relacionada a drogas; tudo em seus romances recende a ameaça e todo mundo faz parte de um obscuro complô que seus heróis indefesos, mas sardônicos, não parecem entender direito. DeLillo tem uma abordagem mais oblíqua do ambiente de terror — distanciada, espirituosa, experimental, fragmentada, parecendo até um pouco esquizóide — uma visão de desastre iluminada por luzes estroboscópicas. O que eles têm em comum é a convicção de que há algo profundamente errado com o sistema, que os está quase sufocando.

Trinta anos atrás, num livro intitulado *The Savage God*, tentei sugerir o que poderia ser essa coisa e como os artistas poderiam desenvolver uma maneira de lidar com isso. Chamei-a de extremismo, e com isso quis designar uma arte que se desenvolve sobre a frágil borda entre o tolerável e o intolerável, embora faça isso com toda a disciplina, a lucidez e a atenção ao detalhe a que Eliot tacitamente se refere quando fala em classicismo. O que os poetas extremistas — principalmente Robert Lowell, John Berryman e Sylvia Plath — compartilhavam com Eliot não era a devoção dele à rija disciplina da arte, mas sua crença no que ele chamava de "contínua extinção da personalidade". Artistas extremistas, os pintores abstratos expressionistas, bem como os poetas, usavam deliberadamente suas caóticas vidas pessoais — Lowell era um maníaco-depressivo, Berryman e Jackson Pollack eram alcoólatras, Plath e Rothko sofriam de depressão, quase na fronteira da psicose — para formar um espelho do caos do

O CULTO DA PERSONALIDADE E O MITO DO ARTISTA

mundo em volta. "Para a enfermidade extrema, remédios extremos", escreveu Montaigne, mas, nem mesmo em seus momentos mais extremados eles traíram sua crença modernista na arte como algo bastante sério, que não nos vem com facilidade e é, por sua própria natureza, difícil e desafiador.

Esta nobre devoção à alta cultura não só se tornou obsoleta e afastada da nossa realidade nas últimas duas décadas, mas também ficou parecendo moralmente suspeita. É como se o espírito de Stalin tivesse surgido outra vez, cinqüenta anos depois de sua morte e apesar do colapso do comunismo. "Jerkish" e a estupidez codificada que a acompanhava continuaram a prosperar, embora agora estejam sendo criadas, como se sabe, por Hollywood: o sentimentalismo e a imerecida retidão do realismo socialista foram substituídos pela igualmente sentimental e intolerante coerção moral do politicamente correto, sendo que o poder do *kitsch* e do clichê continua irresistível. O clichê, neste processo, está se tornando mais estúpido.

O realismo socialista e o politicamente correto têm como inimigo comum a arte erudita, principalmente a exigente e restrita arte da poesia. Os marxistas a chamavam de "burguesa e decadente"; hoje em dia, o epíteto usado para descartá-la é "elitista". Para alguém da minha geração, isso parece peculiarmente irônico. Meio século atrás, quando a poesia era difícil e o julgamento tinha peso, pertencer a uma elite intelectual nada tinha a ver com política ou privilégio e tudo a ver com a maneira como você usava a sua formação. Era simplesmente o que acontecia quando alguém estudava meticulosamente um assunto, refletia sobre ele e chegava a conclusões próprias. Edmund Wilson, que não tinha proximidade com o Novo Criticismo nem com as universidades, colocava a coisa nesses termos:

> Como, pode-se perguntar, é possível identificar essa elite que sabe do que estão falando? Ora, pode-se dizer a respeito deles, somente que elegem a si mesmos e se autoperpetuam, e que o impelirão a aceitar a autoridade deles. Impostores podem até tentar tomar o lugar deles, mas fraudes como essas não demorarão a passar. A posição implícita das pessoas que conhecem literatura (como acontece em todas as outras artes) é simplesmente que elas sabem o que sabem.[9]

Wilson era, num grau extremo, um homem que sabia o que sabia, e uma das coisas que sabia era que seu público compartilhava suas suposições. Era o mesmo público em que os editores da *Partisan Review* se apoiavam quando escreveram em 1953:

> Entendemos que esse leitor ideal é receptivo a novos trabalhos em ficção, poesia e arte, está ciente das principais tendências na crítica contemporânea, está preocupado com a estrutura e o destino da sociedade moderna, particularmente com a natureza exata e a ameaça representada pelo comunismo, está informado ou quer ficar informado sobre as novas correntes da psicanálise e de outras ciências humanísticas, se opõe a demagogos "nativistas" como o senador McCarthy e

a todas as demais variações obscurantistas, e, acima de tudo, pressente que o que acontece na literatura e nas artes tem um efeito direto sobre a sua qualidade de vida.[10]

Esse tipo de público com boa formação e curiosidade intelectual ainda existe, mas acho que vem se tornando cada vez mais sitiado. Então, onde foi que tudo deu errado?

iv

Tendemos a acreditar que a brecha entre escritores criativos e intelectuais se abriu no final da década de 1960, quando as drogas passaram a ser a causa comum que separou os jovens dos velhos. Mas isso não é estritamente verdade. Os *beatniks* podem ter ajudado a criar a cultura da droga que chegou ao clímax durante as últimas etapas da Guerra do Vietnã, mas a própria geração *beat* surgiu na década anterior, durante os anos prósperos e plácidos da presidência de Eisenhower, quando o Novo Criticismo estava em seu auge e os problemas internos que provocavam grande ansiedade nos meios intelectuais eram a vaidade excessiva e o conformismo. "Somos uma nação de 20 milhões de banheiras", escreveu desdenhosamente Mary McCarthy, "com um humanista em cada banheira".[11] Os escritores *beat* também se preocupavam com o conformismo, mas para eles conformismo significava modernismo e os novos criticistas que o serviam. Assim, sob a batuta de Allen Ginsberg, eles se rebelaram contra isso em nome da espontaneidade e da espiritualidade, embora suas motivações, creio eu, fossem mais políticas do que estéticas.

Ginsberg trouxe duas coisas para a literatura na década de 1950, e chegaram juntas: ele escrevia como Walt Whitman e tinha paixão por William Blake. O Blake de Ginsberg, entretanto, não era o poeta que escreveu as tensas e perturbadoras *Songs of Innocence and Experience*; era o excêntrico e prolixo Blake de *Prophetic Books*, produzindo associações livres com sua própria mitologia enquanto avançava em sua obra. Esse estilo divagante, quase sempre bombástico, servia de desculpa para uma divagante "desformalização", geralmente induzida por drogas, típica dos *beats*. Para eles, as drogas eram um atalho para a inspiração bárdica e combinavam bem com sua crença na sabedoria própria da loucura, como era preconizado na época por R. D. Laing.

Ninguém sabe direito de onde os *beats* tiraram seu nome. Seria uma forma reduzida de *beatific* ou significava simplesmente exauridos?* Tudo o que se pode dizer com certeza é que eles estavam decididos a chocar a *intelligentsia* assim como a burguesia, e se opunham a tudo que o Novo Criticismo e os grandes modernistas defendessem. Acho que essa era uma das razões pelas quais Ginsberg decidiu escrever como Whitman, um poeta muito pouco prestigiado na época, porque usava o verso livre justamente para falar com o pleno poder de sua voz, em vez de seguir, à la T. E. Hulme, o movimento de

---

*Beatific: beatífico, que está em êxtase. *To be beaten*: estar exausto, exaurido. (N. do T.)

sua sensibilidade. Outra razão de Ginsberg era igualmente polêmica. Philip Rahv escrevera um famoso ensaio sobre os dois grupos de escritores americanos adversários, "Paleface and Redskin" foi como os chamou, os estetas e os rebeldes, Boston e a fronteira, patrícios e plebeus, "a ficção de sala de estar de Henry James e os poemas a céu aberto de Walt Whitman".[12] Assim, escrever no estilo bárdico de Whitman ou de *Prophetic Books*, de Blake, numa época em que a maioria dos outros poetas se debatia com o legado de John Donne e T. S. Eliot, era uma atitude de desafio.

Mas, como atitudes, acabaram se tornando restritas demais, literárias demais e acadêmicas demais para os *beats*. Alguém disse certa vez que Nova York, nos anos 1930, era a parte mais interessante da União Soviética, porque só ali os debates entre stalinistas e trotskistas podiam se desenvolver abertamente, sem julgamentos espalhafatosos ou execuções. Vinte anos mais tarde, os debates continuavam a ocorrer, mas haviam mudado de terreno, da política para a literatura, e o chamavam de Novo Criticismo. Ginsberg fora criado entre marxistas boêmios — seu pai era um poeta fracassado e um socialista, sua mãe esquizofrênica era uma stalinista — e ele chamava a si mesmo de "um [poeta] político, ou um ativista visionário".[13] Em 1958, quando a geração *beat* ganhava as manchetes pela primeira vez, Norman Mailer observou sagazmente: "Os *beatniks* — muitos deles judeus — vêm da classe média, e 25 anos atrás teriam aderido à YCL*".[14] Como a YCL

**Young Communist League*: Liga da Juventude Comunista. (*N. do T.*)

não era mais viável e, com Joe McCarthy em plena caça, o capitalismo sendo um tema delicado demais, o melhor alvo seguinte seria a arte erudita, e o equivalente ao radicalismo político eram as drogas.

O famoso início de "Howls" diz: "Vi as melhores mentes da minha geração destruídas pela loucura, esfomeadas, histéricas, despidas / arrastando-se pelos bairros dos negros ao amanhecer, procurando por uma raivosa dose..." "As melhores mentes de sua geração?", alguém comentou comigo na época. "Faz a gente se perguntar quem eram as pessoas que ele conhecia". Na verdade, Ginsburg estudara em Columbia, tendo aulas com Lionel Trilling, de modo que deve ter conhecido muita gente inteligente, mas não eram essas pessoas que lhe interessavam. Ele preferia "rebeldes com cabeças de anjo* ansiando pela ancestral e celestial conexão com o dínamo estrelado da maquinaria da noite".** Em outras palavras, ele reinventou os viciados e desajustados, que eram seus amigos, como um novo proletariado, um proletariado espiritual com certo gosto por misticismo oriental. "Sonhadores do mundo unidos. Vocês nada têm a perder a não ser o seu carma".

É impossível superestimar o antiintelectualismo da geração *beat*. Eram os que nada sabiam contra os que sabiam tudo, e na guerra deles contra os inimigos eruditos, as drogas eram a arma perfeita. Eles as consideravam uma maneira de romper

---

*"*Angelhead hipsters*", usuários de drogas que fossem pessoas "legais", ou, nos termos de Raul Seixas, "malucos beleza".
**"angelheaded hipsters burning for the ancient heavenly connection to the starry dynamo in the machinery of night".

as inibições numa época particularmente inibida, mas desconfio que isso importava menos do que diferenciá-los da sociedade "quadrada". Como as drogas eram "substâncias controladas", quando esses rebeldes com cabeças de anjo se ligavam, se sintonizavam e se deslocavam, estavam se colocando fora da lei. Mais importante ainda era o fato de que as drogas não combinam com a vida intelectual. Para o observador imparcial, fora do círculo de "chapados", o efeito mais óbvio da maconha e do LSD é que restringem a capacidade de pensar mais do que abrem a mente. As drogas podem fazer a pessoa se sentir bem, mas não ajudam muito a melhorar uma conversa. John Berryman, um alcoólatra, mas um pensador arrebatado, escreveu numa de suas obras cheias de culpa, intitulada "Dream Songs": "Isto não é para lágrimas; / pensar". Mas ninguém pensa direito quando está drogado. Ninguém, na verdade, registra nada muito bem, exceto uma vaga boa vontade. Quando Joan Didion escreveu seu maravilhoso relatório sobre os *hippies* de San Francisco, "Slouching Towards Bethlehem", o que transpareceu com mais força foi o seu desencanto com a falta de sentido da existência *beatnik,* conforme se desenvolvia nas ruas de San Francisco.

Acho que ela testemunhava um retorno da metade do século XX à agonia romântica em seu auge. A essência do gênio romântico é a revelação, e a exultação e a convicção que a acompanham. (Pensem em Wordsworth, em Tintern Abbey, em Keats e a urna grega, ou mesmo no "resoluto Cortez" contemplando o Pacífico com "uma ousada conjetura".) Mas revelação é algo que não se pode pedir ou trabalhar para obter;

é mais como uma dádiva, algo que pode acontecer com a pessoa que leva uma vida correta. Daí a imagem curiosamente passiva de Coleridge — em "Dejection: an Ode" — do poeta como uma harpa de Aeolis, soprada por forças fora do seu controle. Isto é inspiração no sentido mais literal e se não pode ser organizada deliberadamente, pode pelo menos ser provocada e estimulada. Daí as preocupações românticas com os sonhos, ou melhor, com os pesadelos. Todos os jovens românticos, bons e maus, talentosos ou idiotas, ficaram fascinados por aquilo que Shelley chamou de "o tempestuoso encanto do terror". "O sono da razão gera monstros", disse Goya, e os românticos foram a extremos para despertar esses monstros. O pintor Fuseli, por exemplo, devorava pratos de carne crua e alimentos estragados tarde da noite para provocar pesadelos; o mesmo fazia Ann Radcliffe, que escreveu *The Mysteries of Udolpho*, uma das mais famosas novelas góticas; e assim também fizeram muitas figuras menores. Os artistas provocavam em si mesmos pesadelos e indigestões em nome da inspiração, com o mesmo espírito masoquista e cheio de esperanças com o qual as jovens da época se torturavam em nome do Alto Romance: bebiam vinagre e chupavam lápis de chumbo para ficar com as faces pálidas e melancólicas, dilatavam as pupilas com beladona para exibir olhos luminosos, ficavam sem comer e usavam espartilhos de ferro para ter uma silhueta de sílfide — tudo isso porque queriam se parecer com as heroínas dos romances góticos que devoravam, enquanto os rapazes perambulavam usando casacas azuis e coletes amarelos, ameaçando cometer suicídio, como o herói Werther.

O CULTO DA PERSONALIDADE E O MITO DO ARTISTA

As crianças perdidas de Haight-Ashbury eram muito semelhantes: ansiavam por drama e significado espiritual, mas, como lhes faltasse o talento, a paciência e a dedicação que a arte requer, tinham que fazer a coisa à custa de drogas e roupas de fantasia.

Esse aspecto sensacionalista do romantismo do século XIX, que tinha mais a ver com moda do que com criatividade, era uma triste paródia da crença muito séria dos artistas de que os sonhos e a criação poética eram mundos paralelos, intercambiáveis, e intimamente ligados. Embora a palavra "inconsciente" ainda não se tivesse incorporado à linguagem em seu sentido moderno, os poetas românticos acreditavam que uma linha direta com sua vida nos sonhos era uma parte necessária de seu equipamento profissional.

Os românticos também usavam ópio, embora no início, não como fonte de inspiração. Segundo Althea Hayter, o uso de ópio como analgésico e soporífico é literalmente tão antigo quanto a prática da medicina: "Num tratado de medicina egípcia do século XVI a.C., médicos tebanos foram aconselhados a receitar ópio para crianças que chorassem, exatamente como, três mil e quinhentos anos depois, bebês vitorianos recebiam doses do opiáceo Godfrey's Cordial, ministradas pelas suas enfermeiras para mantê-las quietas."[15] Até o final do século XIX, o ópio era vendido amplamente como uma cura para tudo. Era como aspirina; todas as casas tinham alguma quantidade em estoque, geralmente na forma de láudano — ou seja, misturado com álcool — e o utilizavam como analgésico para dores e incômodos, ressacas, dor de dente e histeria. Shelley costumava beber láudano para aliviar sua dor de cabeça nervosa. Keats o usava como analgésico. Byron tomava uma mistura à base de ópio chamada Kendal Black Drop como tranqüilizante, e a mãe serena e ponderada de Jane Austen, o recomendava para enjôos de viagem. Era também barato e usado indiscriminadamente por todas as classes sociais. De fato, era tão barato que operários de fábricas nos antigos "satânicos e lúgubres moinhos" se embriagavam de láudano nas noites de sábado porque custava menos do que bebida, e isso mesmo numa época em que se podia ficar "bêbado por um *penny*, e cair de bêbado por dois *pence*". Quando Marx chamou a religião de "ópio do povo", o povo sabia bem do que ele estava falando.

Naturalmente, a facilidade com que se conseguia ópio e o entusiasmo profissional dos médicos com a substância ajudaram a criar viciados, alguns deles muito famosos: Clive, da Índia, por exemplo, e William Wilberforce, o grande emancipador. Entre os literatos viciados, Coleridge e Thomas De Quincy eram os mais famosos, mas a lista também incluía um poeta muito sóbrio, George Crabbe. (Por mais estranho que pareça, William Blake, o herói dos viciados em ópio, não era um "comedor de ópio"; mas ele era tão excêntrico que começava onde o ópio terminava.) Todos estes, no entanto, haviam se tornado viciados a contragosto, não intencionalmente, mas por equívoco, por infelicidade, por acaso. Numa época em que os próprios médicos ainda não tinham o conceito de vício, não havia nada para alertar seus pacientes sobre os perigos dos remédios patenteados que receitavam ou para preveni-los

O CULTO DA PERSONALIDADE E O MITO DO ARTISTA

sobre a possibilidade de efeitos colaterais. Em conseqüência, o hábito de usar ópio não era um estigma maior do que o que se relacionava ao alcoolismo; era uma fraqueza lamentável, não um vício.

E para os poetas, os efeitos da droga eram às vezes espantosos, pelo menos nos estágios iniciais do uso. Observem a famosa descrição feita por Coleridge da gênese de "Kubla Khan":

> Em conseqüência de uma ligeira indisposição, um calmante foi receitado, e por conta de seus efeitos, ele adormeceu em sua poltrona no momento em que lia a seguinte frase: "... em "Purchas's Pilgrimage"... " Aqui, Kublai Khan ordenou que fosse construído um palácio, e um portentoso jardim adjacente. E assim, dezesseis quilômetros de solo fértil foram cercados por uma muralha." O autor permaneceu em sono profundo por cerca de três horas, praticamente alheio aos estímulos externos, e durante esse período tem a mais vívida certeza de que não pode ter escrito menos de duzentos ou trezentos versos; se é que se pode chamar de escrever, já que todas as imagens brotaram diante dele como *coisas*, com a paralela produção de sua expressão correspondente, sem qualquer sensação ou consciência de esforço. Ao despertar, ele parecia ter uma lembrança precisa de tudo e, pegando sua pena, tinta e papel, instantânea e avidamente anotou os versos que aqui estão preservados.[16]

Este trecho é ao mesmo tempo um paradigma da inspiração romântica — o poeta como uma harpa de Aeolis —, e também, por acaso, um convite extremamente sedutor do uso de drogas como um atalho para a criatividade.

"Kubla Khan" pode ter sido um fenômeno único, mas Coleridge aprendeu muito com ele e o episódio teve um efeito profundo nos dois grandes poemas que se seguiram. "The Rime of the Ancient Mariner" e "Christabel" estão impregnados de alucinações e sonhos: as imagens dos pesadelos mudam assim como as súbitas, arrepiantes e misteriosas transformações no rosto da "adorável *lady* Geraldine", que assume a aparência de uma serpente, ou do oceano, que se transforma numa poça putrefata, também ocorrem distorções de tempo e de lugar, tais como a eternidade de Mariner que se assenta, e depois o vôo que aparentemente empreendeu durante a noite, indo do Pacífico para a Inglaterra. Coleridge sempre foi dotado de uma maravilhosa sutileza como observador e intérprete dos seus estados de consciência — ao mesmo tempo um psicanalista e um analisando *avant la lettre* —, e parte de sua genialidade era sua capacidade de explorar sua vida interior — suas alucinações, seus sonhos e suas ansiedades, assim como sua prodigiosa cultura — não só em busca de imagens, mas como uma fonte de poesia, como uma maneira de recriar a estranheza do seu mundo interior. Ele usou suas experiências sob o efeito do ópio para fundir o que chamava de *ego diurnus* e de *ego nocturnus*, o eu-diurno e o eu-noturno. O resultado foi um estado de consciência estética genuinamente alterado, um precursor da sistemática perturbação dos sentidos sobre a qual Rimbaud falaria posteriormente.

O CULTO DA PERSONALIDADE E O MITO DO ARTISTA

No entanto, nem mesmo Coleridge poderia fazer isso perdurar. Os três grandes poemas foram escritos durante o período de lua-de-mel relativamente abençoado, quando o ópio ainda era uma fonte de inspiração, um potencializador da sua inspiração. Os sonhos que vieram posteriormente, quando sua dependência se tornou mais grave, eram ao mesmo tempo mais ameaçadores e implacáveis, como os que De Quincy descreveu em *Confissões de um inglês comedor de ópio*. O vício havia matado o que Coleridge chamava de "modelar o espírito com a imaginação" — sua energia emocional, seu prazer com a poesia, sua gana de viver. Escreveu um grande poema, "Dejection", sobre a desolação íntima que a dependência das drogas gera, e depois disso, apesar de resmas e resmas de versos sem relevância, passou a se dedicar à prosa. Mas ele sabia exatamente o que havia perdido. Em 1815, já com seus grandes poemas deixados há muito para trás, escreveu em seu caderno de notas: "Se um homem puder atravessar o Paraíso num sonho e ter uma flor que recebeu de presente como prova de que sua alma realmente esteve ali, e encontrar essa flor em sua mão quando despertar — Ah! E daí?" Creio que o paraíso ao qual ele se referia era o período da inspiração aparentemente sem esforço alimentada pelo ópio e as obras-primas que ele produziu no auge da sua juventude. E a flor em sua mão era uma papoula.

V

Coleridge pode ter terminado como um viciado, mas só por acidente. A princípio, não estava interessado no ópio em si ou por si. Como todo escritor, é claro, ele se viu arrebatado pela idéia de uma inspiração como uma bênção que dispensava esforço, mas estava ainda mais interessado nos estados de consciência produzidos pelas drogas — *insights*, imagens, alucinações e todas as outras estranhas disjunções mentais que faziam parte do misterioso *eu* que os românticos, no fim do clássico século XVIII, de repente se viram livres para explorar.

Na época de Freud, 150 anos mais tarde, o *eu* havia perdido seus mistérios e os *beatniks* estavam escrevendo para um público mais jovem que acreditava que era sua missão democrática, e também seu direito, exibir e às vezes até mesmo representar sua psicopatologia em público. E como a política de consumo de drogas parece ter sido mais importante para os *beats* do que as próprias drogas, seus estados alterados de consciência não tinham conseqüências estéticas. Ginsberg escreveu vários poemas com títulos como "Mescaline", "Lysergic Acid" e "A Methedrine Vision in Hollywood", mas não há neles nada que sugira que as drogas tenham alterado seu estilo um mínimo que fosse. A lista de presença das imagens pode se mostrar mais deliberadamente sinuosa do que de costume e as conexões entre elas, mais espontâneas — embora não muito —, mas o tom da voz permanece exclamatório, monocórdio e singularmente monótono, em nada diferente dos seus poemas sobre paisagens ou convenções presidenciais.

O CULTO DA PERSONALIDADE E O MITO DO ARTISTA

Este é o paradoxo da escrita *beat*. Quando surgiu — ou melhor, depois da publicação do lamento de Ginsberg por sua mãe morta, "Kaddish" —, foi rotulada de "confessional" porque parecia estar falando sobre o tipo de assunto íntimo que geralmente é segredado somente a um padre ou a um psicoterapeuta. No entanto, ele o fazia em público e numa voz essencialmente jactante, a voz do *ego diurnus* pronunciando-se sobre o *ego nocturnus*, e o efeito subseqüente que teve sobre as artes foi bastante profundo.

Em 1966, compareci a uma leitura que Ginsberg fez na Universidade de Buffalo, Nova York. O público era grande demais para um auditório, de modo que ele se apresentou no ginásio de basquete, que tinha assentos para centenas de pessoas. Mas o sistema de som não estava funcionando, de modo que não se podia escutá-lo, e as nuvens de fumaça de maconha eram tão densas que mal se conseguia vê-lo também. Mesmo assim, a garotada estava se divertindo à beça. Ele fez lá seus truques, declamou seus poemas, e a platéia reagiu com uma espécie de *Uau!* coletivo. Não se tratava de comunicação, mas de comunhão — todos ali unidos por uma sensação de vago bem-estar, mais como uma cerimônia religiosa ou um evento político do que uma leitura de poesia. E isso combinava muito bem com os poemas lidos. Não é possível ler um poema de Ginsberg numa página e extrair muito prazer estético disso. A poesia dele tem de ser declamada, representanda. Poesia desse tipo não é uma experiência particular, é um fenômeno público, um *happening*, e — o mais importante de tudo — qualquer um pode fazer algo igual. E esse, penso eu, era o segredo do charme dos escritores *beat*: faziam as platéias se sentirem como bardos, iguais a eles, iniciados do mesmo clã da moda. Ninguém ali precisava ser louco de fato, à la Ronnie Laing — encarcerado na enfermaria dos fundos de uma instituição ou vagando pelas ruas, resmungando consigo mesmo, com tudo o que possuía empilhado num carrinho de supermercado. Tudo o que se exigia era estar ali, naquele encontro comunitário amoroso, baqueado de tanta maconha ou viajando com LSD, e pronto, você também poderia ser um poeta, não importando se algum dia você tivesse ou não escrito palavras num papel.

Agora compreendo que o que eu estava presenciando naquela noite em Buffalo era algo novo e estranho: a transformação da poesia em *showbiz*. Naquela época, os poetas às vezes gravavam seus trabalhos, embora fosse principalmente para arquivos universitários, mas as leituras públicas eram raras e mais restritas à União Soviética, onde a poesia em oferta — as estrelas eram Yevgeny Yevtushenko e Andrei Voznesensky — era menos interessante para o público da literatura do que para os kremlinólogos, que a estudavam não como arte, mas como uma medida do degelo promovido pelo *premier* Kruchov. Na América, creio que Robert Frost era o único poeta de renome a fazer leituras regularmente para grandes platéias. Até mesmo Yeats, que assumia o papel de poeta romântico e tinha uma queda pelo drama, raramente fazia apresentações em público. Os poetas eram pessoas reservadas e ler suas obras ainda era um prazer particular.

Ginsberg mudou tudo isso apenas com a força de sua personalidade. Ou melhor, usando o verso como veículo para um espetáculo, ele ajudou a fazer de uma arte minoritária uma forma de entretenimento popular baseado no culto da personalidade. Daí o tão concorrido circuito de leituras contemporâneas, com seus bardos e artistas de rua, seus homens e mulheres tão rebeldes, como se fossem ilusionistas profissionais, e um público para o qual a linguagem dos poemas importa menos do que o exibicionismo de seus intérpretes e a franqueza com que revelou suas almas. Era como se os piores pesadelos de Jean Rhys tivessem virado realidade: em vez de usarem sua arte para redimir o caos em que haviam transformado suas vidas, os *beats* serviam o caos em estado bruto e o chamavam de poesia.

F. R. Leavis certa feita desdenhou dos Sitwell porque, disse ele, pertenciam mais à história da propaganda do que à história da poesia. É verdade, mas os Sitwell, sendo vaidosos e esnobes, pelo menos se apresentavam como uma vanguarda radical. De modo semelhante, Ezra Pound era um *showman*, um consumado promotor de novos estilos e novos escritores, mas sua paixão era pela arte da poesia, e ele usava suas habilidades promocionais para formar seu público, para abrir ouvidos para idéias inéditas e maneiras inesperadas de falar, e, portanto, para elevar os padrões do discurso literário. Isso, presumivelmente, era o que ele pretendia dizer quando declarou que a poesia deveria ser, no mínimo, tão bem escrita quanto a prosa. Nada parecido com os *beats*. Eles eram um movimento populista abençoado por ter como seu mestre-de-cerimônias um propagandista — e autopropagandista — genial.

Os escritores *beat*, no melhor de sua produção, eram bem-humorados e relaxantes, mas não eram tão inofensivos quanto a princípio pareciam, e estabeleceram um parâmetro para o que se seguiu. Simplesmente, falavam sério quando discursavam sobre "contracultura"; eram de fato adversários — ou seja, contra — da cultura, e suas razões para isso eram políticas. Inerente à sua postura em relação às drogas como uma fonte de inspiração democraticamente acessível a todos, sem levar em conta o talento e também raça, cor, credo ou nível educacional, havia um processo de rebaixamento artístico e intelectual não muito distante do espírito de filisteu dos comissários de cultura soviéticos. Andrei Zhdanov, o ditador artístico de Stalin e seu chefe de censura, teria aprovado essas posições, bem como a mãe stalinista de Ginsberg, e Holub teria reconhecido os sintomas lá de seus dias de estudante em Praga, depois do golpe comunista de 1948:

> O líder dos estudantes comunistas anunciou que a União [Estudantil] acabara de ser dissolvida e um *yurodivy* [visionário] histérico, um jovem, começou a berrar sobre a sua visão da parada de 1º de Maio, na qual iríamos desfilar cantando canções russas.
>
> Naquele momento, percebi que não existe poesia não só por causa de Auschwitz, que não há palavras, não há identidade, que estamos completamente isolados em meio a multidões de colegas quase-*yurodivy*, que não há "poesia civil"... E nenhuma alternativa programática, a não ser calar a boca.[17]

O CULTO DA PERSONALIDADE E O MITO DO ARTISTA

Os escritores dissidentes, é claro, não se calaram. Em vez disso, escreveram, como costumavam dizer, "para enfiar na gaveta", sabendo de antemão que seus textos poderiam não ser publicados nunca. Mas essa era uma frustração que não os preocupava nem afetava minimamente o tom de seus poemas. Eram poemas irônicos, distanciados, intransigentes, sem aquilo que Zbigniew Herbert chamava de "falso calor", embora eivados de sentimentos. Bastava que sua poesia "civil" fosse perfeita, segundo seus próprios critérios e em benefício apenas de si mesma, tivesse ou não leitores.

Embora os escritores *beat* tenham se tornado apenas mais uma nota de rodapé na história da literatura, convivemos hoje em dia com as conseqüências estéticas de suas excentricidades: realismo socialista transformado pelo livre-comércio em surrealismo de mercado. O resultado é poesia transformada em um entretenimento do tipo "leve e feliz" e, acima de tudo, a crença de que qualquer confidência velha ou revelação mais íntima são intrinsecamente artísticas, porque um artista não é alguém que use as suas habilidades e sua percepção para criar uma obra de arte com vida própria; não, ele é um *showman*, uma personalidade pública, cuja principal obra de arte é ele mesmo, e cuja ambição é tornar-se famoso.

A mudança de arte para *marketing* não ficou restrita a escritores. A resposta do mundo das artes visuais a Ginsberg foi Andy Warhol, que começou a vida como vitrinista na Saks Fifth Avenue e terminou com uma fábrica de arte que confeccionava litografias e *silkscreens* de imagens que ele escolhia — a maioria de pessoas ainda mais famosas do que ele —, e que depois autenticava com a sua assinatura. Warhol foi também responsável pela definição do propósito de tudo isso: quinze minutos de fama, uma idéia que culmina numa figura como a artista britânica Tracey Emin, aspirante à condição de *popstar*, que promoveu um culto de si mesma, em vez do culto ao seu trabalho. A vida de Emin, sob a forma de sua cama desfeita, completada com os detritos que a cercam, é venerada no museu de Charles Saatchi, rei da publicidade britânica, e é muito maior o número de pessoas que conhece tudo a respeito de seus tristes primeiros anos — gastos em bebida, sexo frustrante e abortos — do que as que chegaram a ver até mesmo reproduções de seus trabalhos.

vi

É uma ironia que o culto da personalidade tenha florescido num século que começou, afinal de contas, com a *Interpretação dos sonhos*, de Freud, um livro que agora parece um projeto do modernismo. Ou melhor, como a experimentação na arte sempre envolve, em certa medida, a exploração íntima ou psicológica, a obra de Freud parece ser um guia rudimentar que o modernismo adotou para essa viagem íntima: eles queriam criar o novo não pela novidade em si, mas porque o estilo que tinham à disposição não era adequado para o que desejavam expressar. Alguns dos modernistas usavam drogas e a maioria deles bebia demais, mas nunca pretenderam que a bebida e as drogas fossem indispensáveis às suas experiências, nem as usavam como desculpa para trabalho mal-acabado. Do mesmo modo, quando escritores como Lowell se voltavam para suas vidas privadas como fonte de inspiração, podiam até estar contrariando as assertivas de Eliot sobre a necessária impessoalidade da arte, mas nunca o traíram estética ou intelectualmente. Por isso, é um equívoco misturá-los com os *beats* como poetas confessionais. A frase de Berryman, "Isto não é para lágrimas; / pensar", é, no fundo, um receituário mais implacável para a criatividade do que o estilo de livre associação confessional que Ginsberg chamava de seu "novo método de poesia. Basta deitar (*sic*) num sofá e pensar em qualquer coisa lhe venha à cabeça".[18] Em outras palavras, deixe tudo sair mesmo que seja do jeito mais antigo, depois deite-se e espere os aplausos — o que não é exatamente o modo como Freud imaginou que uma conversa terapêutica deveria se desenvolver.

Apesar de seus elevados princípios e de sua consciência estética, os extremistas também acabavam sucumbindo à confusão entre arte e vida, mas faziam isso de uma maneira mais ousada e arriscada do que aquela que Freud possa ter concebido. Eles se dispunham a enfrentar deliberadamente os seus demônios nos sótãos do inconsciente e criavam sua arte a partir das lesões que sofriam. Era uma empreitada heróica, como a de Teseu indo matar o Minotauro, mas disso emergia o que eu chamo de mito do artista, e não era o que tinha em mente quando escrevi a respeito de arte extremista e suicídio em *The Savage God*.

Inicialmente, o mito era baseado no terrível precedente estabelecido por Sylvia Plath, e o modo trágico como sua vida e sua arte se completaram mutuamente. Elizabeth Hardwick, que admira a obra de Plath e é fascinada por sua história, diz: "Ela, a poeta, está ali, assustada, o tempo todo. Orestes brande seu ódio, mas Ésquilo vive até os setenta anos. No entanto, Sylvia Plath é, ao mesmo tempo, heroína e autora; quando a cortina desce, é seu próprio cadáver que está no palco, sacrificado à sua trama".[19] Plath, é claro, não foi a primeira artista importante a morrer dramaticamente pelas próprias mãos. Quase duzentos anos antes, Thomas Chatterton cometeu suicídio e se tornou, em conseqüência disso, um grande símbolo romântico. Mas, pelo menos, ele não escreveu sobre o ato em si. Nem o fizeram Hemingway Hart Crane ou Randall Jarrell, e nem mesmo, pelo menos com todas as letras, Virginia Woolf. Entretanto, seguir a lógica da sua arte até seu fim desolador, como fez Sylvia Plath, e por meio disso se transformar na heroína de um mito que ela mesma criou, isso foi algo sem precedentes. Mudou toda a natureza do jogo. A arte, a mais exigente e solitária das disciplinas, de repente passou a ser uma atividade de alto risco, como pular de pára-quedas.

No mínimo, era algo que estaria bem próximo de ser enquadrado na teoria freudiana da arte como compensação e autoterapia, como D. H. Lawrence descreveu: "A pessoa verte suas doenças em livros — repete e expõe suas emoções para conseguir dominá-las". Mas eu acredito que a verdade é exatamente o contrário: o escritor não verte suas doenças em livros, mas, ao escrever, faz com que elas venham à tona, e desse modo as torna prontamente acessíveis, de maneira a se ver vivenciando-as ao máximo. Ou seja, a natureza sempre imita a arte, geralmente de um modo piegas e exagerado.

John Berryman, por exemplo, iniciou seu grande ciclo, *Dream Songs*, como uma espécie de diário poético, registrando suas cólicas, ressacas, culpas alcoólicas e suas muito ocasionais experiências com drogas. Depois, ele gradualmente o aprofundou, transformando-o num prolongado lamento por vários amigos que morreram precoce e tragicamente. Isso, por sua vez, levou-o de volta ao que, para ele, foi o suicídio original — o que fora cometido por seu pai, que se matou com um tiro quando Berryman tinha doze anos. E assim prossegue, recuando mais e mais, aprofundando-se mais e mais, até que no fim — particularmente na bela série das *Dream Songs* intitulada "Opus Posthumous" — ele parece estar escrevendo o seu próprio epitáfio, como se não houvesse mais ninguém a quem ele pudesse confiar a tarefa. A essa altura, era nítido que ele iria se matar, o que fez de fato. Pareceu — apesar da perversidade — o meio mais lógico de completar seu *magnum opus*.

Seja como for, essa é a maneira como o público parecia ler a história dos últimos anos desesperados e caóticos de Berryman: o retrato de um artista pintando a si mesmo acuado num canto. Também o retrato de uma situação que fugiu ao seu controle, por estar baseada num equívoco completo sobre a natureza da arte. É absolutamente equivocado acreditar que a arte extremista, ou qualquer outra, tem de ser justificada ou sustentada por uma vida extremista, ou que a experiência do artista no limite mais extremo do intolerável é, de um modo qualquer, um substituto da criatividade. De fato, o oposto é que é a verdade, como já escrevi em muitas outras oportunidades: para criar arte a partir da privação e do desespero, o artista precisa de recursos internos proporcionalmente ricos e um controle proporcionalmente estrito de seu *medium*. Temos as obras completas de Samuel Beckett para provar esse ponto de vista. Um artista é o que é não porque viveu uma vida mais dramática do que outras pessoas, mas porque seu mundo interior é mais rico e mais acessível, e também, acima de tudo, porque ele ama e compreende qualquer meio que utilize — a linguagem, a pintura, a música, o cinema, a pedra —, e deseja explorar suas possibilidades e fazer dele algo perfeito. Creio que foi Camus que observou certa vez que a obra de Nietzsche prova que se pode viver uma vida de grandes aventuras sem sequer se levantar da escrivaninha. Com toda a deferência devida ao falecido Ronnie Laing, a esquizofrenia não é necessariamente um estado de graça e não existem atalhos para a habilidade criativa, nem mesmo através dos pátios dos hospitais psiquiátricos mais progressistas.

Infelizmente, a esquizofrenia tem uma incidência bem maior do que a capacidade criativa, de modo que não é difícil de se entender por que as teorias de Laing eram tão atraentes, principalmente para os bardos da cultura das drogas. O espantoso é que poetas mais reservados e disciplinados se tivessem deixado ficar tão próximos deles, e com tanta presteza. De que outro modo se poderia explicar, por exemplo, a surpreendente falta de profissionalismo nos livros de Anne

Sexton? Seu problema não era o fato de que escrevia poemas ruins, o que todo poeta faz de tempos em tempos, mas o fato de que, em vez de jogá-los fora, ela os tenha publicado junto com seus trabalhos mais refinados. Desconfio que o motivo disso tenha sido o fato de que os poemas ruins fossem ruins do mesmo modo como os bons eram bons: no que enfrentavam a intimidade dela e tudo o que lhe era mais doloroso. Ela foi incapaz de resistir à tentação de atrair atenção para o material bruto, como se qualquer coisa que estivesse suficientemente exposta e fosse esmagadora não pudesse ser um equívoco. Como Randall Jarrell escreveu certa vez, num ensaio sobre versos de autoria de amadores: "É como se os escritores nos tivessem enviado seus braços e pernas decepados, com 'Isto é um poema' rabiscado neles com batom".[20]

A verdade é que grandes poemas trágicos não são necessariamente inspirados por grandes tragédias. Pelo contrário, podem ser precipitados, como pérolas, por minúsculas irritações, desde que o mundo secreto e íntimo do poeta seja suficientemente rico. William Empson observou uma vez que o verso de abertura de Keats em "Ode to Melancholy" — "Não, não, não vá para o Lethe; nem torça..."* — " fala de uma pessoa, ou de alguma força no espírito do poeta, que devia estar ansiando por ir para o Lethe, e muito, já que detê-la custou quatro negativas no primeiro verso".[21] Pela mesma razão, quanto mais exposto e doloroso o tema, mais delicado e atento é o controle artístico necessário para lidar com ele.

---

*"No, no; go not to Lethe; neither twist..."

Segundo a psicanalista Hanna Segal,[22] há uma diferença fundamental entre o neurótico e o artista: o neurótico está à mercê de sua neurose; já o artista, por mais neurótico que possa ser fora do seu trabalho, tem *em sua capacidade como artista* uma compreensão extremamente realista tanto do seu mundo interior quanto das técnicas de sua arte.

Os bons poemas de Anne Sexton, por exemplo, possuem uma tensa expressividade e uma inevitabilidade em seu ritmo que não só os impulsiona para a frente, mas também mantêm a integridade do conjunto. Em seus poemas ruins, a necessidade de expressar dá margem a uma inspiração, no todo, menos confiável — o puro prazer da confidência, de deixar tudo à mostra para o público —, e pode-se ouvir isso no modo como o ritmo falha e se torna indistinto, como uma toada hipnótica. O que se inicia como poema de verdade termina numa operística terra de ninguém, a zona de sombras entre a ópera e as novelas de TV.*

Isso, em si, não é novo. Todos os tipos de escritores talentosos já tiveram seus momentos na fronteira da histeria — Shelley, por exemplo, assim como Dostoiévski e Lawrence. Perder o prumo é um risco profissional para um artista original, quando ele explora o desconhecido. O ingrediente especificamente moderno que Anne Sexton e outros poetas menores acrescentaram à mistura não era sua ocasional perda de controle, que os levava a um surto histérico — mas o fato de que eles ficavam histéricos *deliberadamente*. Ou seja,

---

*No original, a zona entre a "Grand Opera" e a "soap opera".

O CULTO DA PERSONALIDADE E O MITO DO ARTISTA

a poesia não só ficava indistinguível da psicopatologia, mas passava a ser secundária em relação à histeria.

Do mesmo modo, o mito do artista e o culto da personalidade se tornaram indistinguíveis quando foram assumidos pela mídia. Tendências da moda nas artes podem ser uma espécie de notícia, mas a vida escandalosa dos artistas dá manchetes muito melhores. "A verdadeira arte", afirmou Susan Sontag, "tem a capacidade de nos deixar nervosos". Mas isso mesmo não vale, na mesma medida, para verdadeiros artistas, que têm a tendência de se mostrarem exauridos, falíveis e incomodamente egocêntricos. Assim, ao nos concentrarmos neles e em suas vidas inconfessáveis, colocamos em segundo plano os efeitos de sua arte. Eu me pergunto até que ponto os chamados amigos de Dylan Thomas, seus admiradores e seus fascinados leitores, invejavam secretamente sua genialidade e o incentivavam a beber até morrer em nome da boa camaradagem e da idéia romântica do que deveria ser a vida boêmia de um poeta. Foi bem semelhante ao que ocorreu com Sylvia Plath: todos sabem do seu casamento arruinado, seu desespero, o suicídio, mas quantos dos milhares de leitores que devoraram *The Bell Jar*, um romance intensamente autobiográfico, alguma vez se importaram em perceber o quanto eram sardônicos, impiedosos, e ao mesmo tempo curiosamente alheios, os seus poemas? De modo semelhante, *Birthday Letters*, de seu marido, Ted Hughes, provavelmente se tornou um romance *best-seller* não pela beleza e pelo poder de sua linguagem, mas porque as pessoas queriam conhecer os detalhes sórdidos de seu casamento com Plath.

No entanto, escrever é uma busca solitária, tão monótona quanto a psicanálise, embora ainda mais solitária, porque nem chegamos a ver pacientes. Assim, é fácil, no isolamento da sua casinhola de zelador do farol, ser possuído pela própria propaganda e começar a acreditar no mito que você mesmo criou. Além do mais, a fama vicia, particularmente se a pessoa se dedica a uma arte minoritária e que não proporciona remuneração adequada como a poesia. Até mesmo um poeta tão dedicado, intelectualmente resoluto e generosamente dotado como John Berryman foi incapaz de resistir a isso. Ele e Lowell tornaram esteticamente respeitável o uso de suas vidas privadas como uma fonte para seus poemas, mas fizeram isso ainda acreditando na essencial impessoalidade da arte, da maneira como Eliot a descreveu: "A poesia não é a liberação da emoção, mas mera fuga da emoção; não é a expressão da personalidade, mas uma fuga da personalidade. Mas, é claro, somente aqueles que têm personalidade e emoções sabem o que significa querer fugir dessas coisas".[23] Plath acreditava também que até a personalidade e as emoções que ela vertia se transformavam em algo fora de seu controle. Sua morte terrível e a fama subseqüente geraram um trauma cruel nos poetas e mudaram a atitude deles em relação à arte.

Certa ocasião, Berryman observou numa entrevista à *Paris Review*: "Defrontado com a mais penosa das experiências, o artista tem muita sorte quando ela não o mata. Superando isso, pode se pôr a trabalhar!".[24] Isto soa parecido com a velha agonia romântica, reforçada pelas teorias da metade do século XX: a teoria existencialista da estética e uma simplificada teoria psicanalítica sobre a relação terapêutica da arte com a vida. Se pensarmos neste tipo de afirmação e depois nos lembrarmos de como morreu Berryman, como morreu Sylvia Plath, como morreu Anne Sexton — todos acreditando ardentemente que era assim que o jogo deveria ser jogado —, teremos de concluir que nenhuma poesia, por melhor que seja, vale a pena.

Entretanto, havia outro elemento envolvido, menos trágico, menos heróico: que a afirmação de Berryman também foi influenciada pelo seu intenso e competitivo envolvimento com a mídia e com a idéia de fama. Pouco antes de sua morte, Berryman escreveu um banal romance autobiográfico, *Recovery*, que tinha um personagem de conhecimento enciclopédico que parecia personificar todas as fantasias mais grandiosas do autor: trata-se de Alan Severance, médico, doutor em literatura, professor de imunologia e de biologia molecular, que também dá aulas de humanidades nas horas vagas. Como Berryman, o dr. Severance é um alcoólatra que está morrendo aos poucos. Também como Berryman, já foi entrevistado pela *Time* e pela *Life* e não consegue superar isso. Berryman diz o seguinte sobre ele: "Severance era um homem consciencioso. Refletiu muito ao longo de vinte anos, concluindo que era sua obrigação beber, explicitamente para se sacrificar. Via os resultados como compensadores".[25] Como uma racionalização do alcoolismo, esta afirmação tem grande impacto em mim, soando afetada, uma autolouvação característica do próprio Severance. Só se torna convincente quando a viramos pelo avesso: devido à crença de Berryman na ligação entre arte e agonia, devido também à voracidade do público por um mau comportamento de seus artistas (que o isenta da necessidade de levar a sério a obra deles), pode até ser que, para Berryman, escrever poesia fosse uma desculpa para beber.

Nesse ponto, a própria arte se transforma num espetáculo secundário sem qualquer valor intrínseco. O que importa é a perturbação da qual a arte pode emergir, devido ao talento correto e perturbado e às circunstâncias corretas, ou seja, trágicas. Em outras palavras, os artistas que o público dos anos 60 achavam mais excitantes eram aqueles que contribuíam intencionalmente para a sua própria destruição. Tendo criado mitos de si mesmos, como um subproduto da criação de arte, acabavam se sacrificando por esses mitos essencialmente triviais.

Talvez esse desespero fosse uma reação a alguma coisa no ambiente político: a Guerra Fria, a ameaça nuclear, o Vietnã. O extremismo foi o último estertor do movimento modernista, a experimentação levada até sua conclusão lógica e decorrente, e só poderia ter ocorrido num período de extrema ansiedade. As apostas agora são menores e a poesia, mais mitigada, menos aventureira. Eu não desejaria a volta de todos os problemas que vinham junto, mas o trabalho que resultou disso foi ótimo enquanto durou.

vii

Fico me perguntando se o extremismo não foi também o último estertor da crença tradicional na arte como algo disciplinado, difícil, crença esta embargada pelo fato de não ser politicamente correta: "Para escrever dentro de tal projeto", como observou o dr. Johnson, "seria necessário pelo menos ler e pensar". Também era necessário fazer julgamentos acerca do que era boa arte e do que não era, e esses conceitos não são mais estimulados pelas instituições destinadas a protegê-los. Eu me pergunto, em suma, se a fusão de arte e *showbiz* não foi reforçada pela maneira como a literatura é estudada hoje nas universidades.

Para colocar a questão em termos simples, o público em geral parece mais interessado na personalidade dos autores vivos e nas biografias dos mortos porque, entre outras razões, não se ensina mais a ler. Paradoxalmente, pode ser culpa do Novo Criticismo. Eles acreditavam que, ao ensinar os estudantes a ler com rigor, o estudo da literatura se modificaria, passando de uma opinião sem consistência para algo mais sólido e mais exigente. Mas ler desse modo era, como já disse, uma arte em si; implicava uma sensibilidade para a linguagem e um grau de percepção do modo como a mente dos escritores trabalha, e essas qualificações não eram necessariamente as mais encontradas nas universidades. Os modernos departamentos de inglês se tornaram intelectualmente enérgicos, de uma maneira que o Novo Criticismo nunca imaginou, mas somente à custa da própria literatura. A escrita criativa, especialmente quando está incorporada ao que chamam de "o cânone", acabou parecendo um propósito trivial, apenas perifericamente relevante para o trabalho da crítica acadêmica. Os textos importam menos do que seus contextos, e a insistência forçada em teoria, política, raça, gênero e em qualquer outra coisa que contribua para forjar a paranóia acerca dos "machos brancos mortos" eliminou a idéia de escritores maiores e menores. Ao fazer isso, ergueu também uma cortina de ferro entre o criticismo acadêmico e a arte de escrever. Quando a literatura é estudada principalmente de um ponto de vista extraliterário e politicamente correto, juízos de valor passam a ser uma forma de imperialismo cultural e tendemos a evitá-los por medo de parecermos elitistas.

Como esse terror do elitismo consegue se reconciliar com a prosa impenetrável e recheada de jargões na qual se expressa é difícil de entender, mas o resultado é bem claro: ao rejeitar juízos de valor e se concentrar em questões políticas e teóricas, os professores universitários transformaram a literatura apenas em mais uma disciplina acadêmica arcana e auto-referente. Essa disciplina pode ter uma coerência satisfatória e até mesmo uma elegância formal própria, mas nada tem a ver com a escrita criativa. Se alguém não pode ou não quer explicar por que acredita que, digamos, um poema determinado é melhor do que outro, ou por que um romance funciona e outro não, então está se distanciando do ofício de escrever como o escritor o vê — ou seja, distanciando-se do permanente processo de autocrítica e autoquestionamento, e de todo o penoso trabalho exigido para se criar uma voz autêntica, sem a qual não pode existir obra de arte. E este, também, é outro conceito que corre o risco de se perder: o conceito da obra de arte como algo perfeito, uma suprema ficção que pode ser arruinada por uma única palavra fora do lugar.

Uma tal perfeição faz até mesmo um poema lírico tão curto quando "Memory", de Yeats, parecer tão indestrutível quanto pedra, com sua estrutura mantida coesa pela tensão interna e pela externa — por uma expressão de sentimentos reduzida e absoluta economia da forma:

> Um tinha um rosto adorável,
> E dois ou três tinham charme,
> Mas charme e rosto eram em vão
> Porque a relva da montanha
> Só pode conservar a forma
> De onde a lebre da montanha se deitou.*

Consideremos o tom casual da abertura, as despojadas meias-rimas — *face/grass, charm/form* —, depois a súbita mudança de tom na extraordinária imagem do final. Uma vez que se conheça a perfeição, Yeats está nos dizendo, todas as outras coisas ficam menores: a marca deixada pela mais elusiva das criaturas, a lebre da montanha, nunca desaparece. E ele faz isso em seis linhas, trinta e três palavras, e com uma única e brilhante metáfora, sem elevar sua voz. O poema é ao mesmo tempo sobre a perfeição e perfeito em si. É também uma ilustração perfeita daquilo a que Pascal se referia ao afirmar: "A verdadeira eloqüência debocha da eloqüência."

A verdadeira eloqüência é mais rígida do que parece. O escritor toma a linguagem — essa coisa tão comum que utili-

---

*One had a lovely face, / And two or three had charm, / But charm and face were in vain / Because the mountain grass / Cannot but keep the form / Where the mountain hare has lain.

zamos o tempo todo — e a torna precisa e pessoal. Mas não precisa no sentido meticuloso dos advogados ou dos funcionários públicos, que em geral esbanjam palavras e são prolixos, ou pessoal de um modo frouxo e confessional, menos ainda por reunir dejetos de linguagem — clichês —, que é o que fazem políticos e eruditos e todas as pessoas cujo dom, disse Karl Kraus, é "não saber nada e ser capaz de expressar isso". Refiro-me, isso sim, a expressar precisamente o que você tem a dizer e precisamente como se sente a respeito, em seu tom próprio de voz, exatamente como se faz pela inflexão e pelo ritmo quando se fala. Creio que era a isso que T. E. Hulme se referia quando escreveu: "O frescor é convincente, sente-se de imediato que o artista está ali em um verdadeiro estado físico." Hulme falava sobre imagismo — uma moda que acabou há muito tempo —, mas o que ele tinha a dizer sobre frescor, precisão, entusiasmo e abertura para experiências novas ainda é válido, e sempre será. Quando um escritor se entrega ao seu trabalho dessa maneira, o leitor o reconhece e reage de acordo, com uma nova abordagem do mundo e uma sensação de ser o mesmo de sempre e ao mesmo tempo estar vivo de uma maneira completamente nova. Mas o frescor está todo na execução, e nada tem a ver com personalidade e *performance*. Depende, na verdade, do tipo de indiferença criativa ou impessoalidade, que Coleridge chamou de *"alheamento"* — a capacidade de estar ao mesmo tempo profundamente comovido e distanciado, combinada com a meticulosa e prática compreensão do artesão do que é necessário para se fazer um trabalho bem-feito.

O CULTO DA PERSONALIDADE E O MITO DO ARTISTA

Não gostaria de romantizar a figura do artista. A arte é uma busca pela ordem e pela sanidade empreendida por pessoas que quase sempre são perturbadas, nenhuma delas muito sã e raramente do tipo que se ama com facilidade. Piedosamente, a própria arte é maior do que a soma dos artistas. Criar vozes na mente do leitor, imagens no olho da mente, presenças imaginárias com vidas próprias, é uma habilidade intrincada e sutil, que exige autoconhecimento e despojamento — até mesmo modéstia —, assim como a fascinação do artesão pelo trabalho como se ele fosse algo com vida própria, independente daquele que o faz e de seu ego escandaloso. E esta não é uma imagem de artista que se destaque com facilidade numa era de *showbiz*, celebridades e propaganda, quando as pessoas estão menos interessadas na "coisa", na obra, do que no que ela guarda para elas.

Mas, então, o primeiro plano do cenário da literatura é povoado de figuras cuja fama morre junto com elas, enquanto os verdadeiros escritores se saem bem com suas obras nos bastidores. Sempre foi assim. No século XVI, por exemplo, os poemas de John Cleveland, um ridículo acadêmico de Cambridge, cujos conceitos exóticos destruíram o prestígio dos poetas metafísicos por muitas gerações posteriores, renderam vinte edições, treze das quais em dois anos, enquanto a primeira coletânea de poemas de Milton teve apenas uma reedição. Sempre iremos conviver com arte ruim, o gosto é imprevisível, a fama não merece confiança e apenas a história, como dizem, será nosso juiz. Enquanto isso, é trabalho dos escritores criar vozes tão verdadeiras quanto puderem — pelo menos para mostrarem a si mesmos que isso pode ser feito, e na esperança de que alguém por aí esteja escutando.

Agradecimentos

Este livro é baseado em três palestras feitas na Biblioteca Pública de Nova York em outubro de 2002. Ampliando a última palestra, inseri material da minha introdução a *The Faber Book of Modern European Poetry* (1992), de "Drugs and Inspiration", originalmente publicado em *Social Research*, em 2001, e ainda de "The Myth of the Artist", originalmente proferida como a Palestra Hopwood, na Universidade de Michigan, e publicada no *Michigan Quarterly Review* em 1980, e, já numa versão revista, em *Madness and Creativity in Literature and Culture*, editada por Corinne Saunders e Jane Macnaughton (Londres: Palgrave Macmillan, 2004).

Notas

Capítulo 1. Encontrando uma Voz

1. John Cheever, *The Journals*, Londres, Jonathan Cape, 1991, p. 128.
2. Sigmund Freud citado em Lionel Trilling, "Authenticity and the Modern Consciousness", *Commentary*, Nova York, setembro de 1971, vol. 52, p. 39.
3. Samuel Taylor Coleridge, *Biographia Literaria*, Londres, Everyman's Library, J. H. Dent, 1952, p. 150.
4. Sigmund Freud, *Recommendations to Physicians Practising Psychoanalysis*, Standard Edition, Londres, Hogarth Press, 1964, vol. 12, p. 111.
5. Coleridge, *Biographia Literaria*, p. 154.
6. Philip Roth, *Patrimony*, Nova York, Simon & Schuster, 1991, p. 237.
7. Sigmund Freud, *Studies on Hysteria*, Standard Edition, Londres, Hogarth Press, 1964, vol. 2, p. 160-161
8. Sylvia Plath, *Collected Poems*, Londres, Faber & Faber, 1987, p. 289-90.
9. T. E. Hulme, *Speculations*, Londres, Routledge & Kegan Paul, 1936, p. 238, 231.
10. Hulme, "Romanticism and Classicism", *Speculations*, p. 132-33, 135-36.
11. Isaac Babel, "Guy de Maupassant", *The Collected Stories*, Nova York, World Publishing, p. 331-32.

12. Alice Munro, "The Bear Came over the Mountain", *The New Yorker*, 27 de dezembro de 1999.
13. W. H. Auden, *The Dyer's Hand*, Londres, Faber & Faber, 1962, p. 287.
14. Edith Wharton, *A Backward Glance*, Londres, Century Hutchinson, 1987, p. 242-43.
15. George Orwell, "Politics vs. Literature", *Collected Essays*, Londres, Secker & Warburg, 1968, vol. 4, p. 221.
16. Ford Madox Ford, citado em Ian Hamilton, *The Trouble with Money*, Londres, Bloomsbury, 1998, p. 142.
17. Virginia Woolf, carta a Sackville-West, 19 de março de 1926, *Congenial Spirits, The Selected Letters of Virginia Woolf*, editado por Joanne Trautmann Banks, Nova York, Harcourt Brace Jovanovich, 1990, p. 204-05.

Capítulo 2: Escutando

1. Samuel Taylor Coleridge, *Biographia Literaria*, p. 153.
2. I. A. Richards, *Principles of Literary Criticism*, Londres, Routledge, 2001, p. 127.
3. T. E. Hulme, "Romanticism and Classicism", *Speculations*, p. 135-36.
4. A. Alvarez, *Night: An Exploration of Night Life, Night Language, Sleep, and Dreams*, Nova York, W. W. Norton, 1995, p. 179.
5. Barbara Everett, "Donne and Secrecy", *Essays in Criticism*, vol. 51, n° 1, janeiro de 2001, p. 52.
6. Albert Einstein, citado em Roger Penrose, *The Emperor's New Mind*, Londres, Vintage, 1990, p. 548.
7. Alfred Brendel, *The Veil of Order*, Londres, Faber & Faber, 2002, p. 190, 45.
8. Hulme, *Speculations*, p. 242.

NOTAS

9. Richards, *Principles of Literary Criticism*, p. 127.
10. Les Murray, citado por Peter F. Alexander, *Les Murray: a Life in Progress*, Melbourne, Oxford University Press, 2000, p. 135.
11. Roland Barthes, *Writing Degree Zero*, Londres, Jonathan Cape, 1967, p. 16-17.
12. Frank Kermode, *Shakespeare's Language*, Londres, Allen Lane, Penguin Press, 2000, p. 187.

Capítulo 3: O culto da personalidade e o mito do artista

1. George Moore, citado em John Crowe Ransom, "Poetry: A note on Ontology", *The World's Body*, Nova York, 1938, p. 125.
2. William Phillips e Philip Rahv, orgs., *The New Partisan Reader*, Nova York, Harcourt Brace, 1953, p. vi.
3. William Empson, *Seven Types of Ambiguity*, Londres, Chatto & Windus, 1949, p. 9.
4. Italo Calvino, *If on a Winter's Night a Traveller*, Londres Vintage, 1998, p. 235-36.
5. Zdzislaw Najder, citado em A. Alvarez, *Under Pressure*, Harmondsworth, Penguin, 1965, p. 21.
6. George Orwell, "Politics and the English Language", *Collected Essays*, p. 137.
7. Philip Roth, *Shop Talk*, Boston, Houghton Mifflin, 2001, p. 42.
8. Miroslav Holub, "Poetry against Absurdity", *Poetry Review*, verão de 1990, p. 6.
9. Edmund Wilson, "Historical Criticism", *Critiques and Essays in Criticism*, seleção de Robert Wooster Stallman, Nova York, Ronald Press, 1949, p. 457.
10. Phillips e Rahv, *New Partisan Reader*, p. vi-vii.
11. Mary McCarthy, *On the Contrary*, Londres, William Heinemann, 1962, p. 18.

12. Philip Rahv, *Image and Idea*, Nova York, New Directions, 1957, p. 1.
13. Allen Ginsberg, *Journals*, Londres, Penguin, 1996, p. 339.
14. Norman Mailer, *Advertisements for Myself*, Nova York, Signet, 1960, p. 335.
15. Althea Hayter, *Opium and the Romantic Imagination*, Londres, Faber, 1968, p. 19.
16. Samuel Taylor Coleridge, *Poems*, Oxford, Oxford University Press, 1957, p. 296.
17. Holub, "Poetry against Absurdity", p. 4-5.
18. Allen Ginsberg, citado em Ian Hamilton, *Against Oblivion*, Londres, Viking, 2002, p. 264.
19. Elizabeth Hardwick, *Seduction and Betrayal*, Londres, Weidenfeld & Nicholson, 1974, p. 107.
20. Randall Jarrell, "Bad Poets", *Poetry and the Age*, Londres, Faber, 1955, p. 160.
21. Empson, *Seven Types of Ambiguity*, p. 205.
22. Hanna Segal, "A Psychoanalytic Approach to Aesthetics", *The Work of Hanna Segal: A Kleinian Approach to Clinical Practice*, Nova York, J. Aronson, 1981.
23. T. S. Eliot, "Tradition and the Individual Talent", *Selected Essays*, Londres, Faber, 1951, p. 21.
24. John Berryman, citado em John Haffenden, *The Life of John Berryman*, Londres, Routledge & Kegan Paul, 1982, p. 382.
25. John Berryman, *Recovery*, Londres, Faber, 1973, p. 96.

*O texto deste livro foi composto em Sabon,
desenho tipográfico de Jan Tschichold de 1964
baseado nos estudos de Claude Garamond e
Jacques Sabon no século XVI, em corpo 11/15,5.
Para títulos e destaques, foi utilizada a tipografia
Frutiger, desenhada por Adrian Frutiger em 1975.*

*A impressão se deu sobre papel off-white 80g/m²
pelo Sistema Cameron da Divisão Gráfica
da Distribuidora Record.*

Seja um Leitor Preferencial Record
e receba informações sobre nossos lançamentos.
Escreva para
RP Record
Caixa Postal 23.052
Rio de Janeiro, RJ – CEP 20922-970
dando seu nome e endereço
e tenha acesso a nossas ofertas especiais.

Válido somente no Brasil.

Ou visite a nossa *home page*:
http://www.record.com.br